KB108298

부동산 트렌드 2024

하버드 박사 김경민 교수의 부동산 투자 리포트

부동산 트렌드 2024

서울 아파트 상승의 전조

김경민 지음

와이즈맵

거대한 불확실성의 시기,
기회가 다가온다

《부동산 트렌드》 시리즈가 올해로 벌써 세 번째 출간을 맞았다. 2021년 첫 책 출간 후, 대한민국 부동산 시장에는 많은 일들이 있었다. 폭등장과 폭락장을 지나며 누군가는 부를 축적했고 또 다른 누군가는 박탈감과 허망함, 다급함을 느꼈다. 최근 몇 년의 일들을 돌아보며 부동산 시장을 어떻게 이해할 것인가를 고민하는 사람들도 늘어난 듯하다. 이렇듯 모두에게 지난 몇 년은 부동산을 통해 많은 교훈을 얻을 수 있는 시기였다. 그리고 필자는 이 책을 읽는 당신에게 '아직 끝난 게 아니다'라는 말을 전하고 싶다. 늘 이야기하지만 부동산 시장은 사이클이 있고, 시장은 지금 이 순간도 변화무쌍하게 움직이고 있기 때문이다. 기회의 창은 반드시 다시 열린다.

2024년은 기회를 노리는 이들이 새로운 준비를 해야 하는 해다. 이 책을 집필하는 동안에도 부동산 시장에 관한 상반된 뉴스가 쏟아졌는데, 그만큼 지금이 또 한 번의 변곡점이 아닌가 혼란스러운 시기란 뜻일 거다. 후술하겠지만 시장 참여자들은 언제나 시장보다 느리다. 부동산 가격이 오르기 시작하고 몇 개월이 지나서야 이를 인지하고, 반대로 실제로 하락이 시작되어도 모두가 그 사실을 깨닫고 나서야 비로소 관련 뉴스들이 나온다.

어떤 투자건 시장의 흐름을 먼저 알아채는 자가 승자가 된다. 이 책은 소문이나 감이 아니라 '팩트'를 기반으로 현명한 의사결정을 할 수 있도록 데이터를 분석하는 데 많은 지면을 할애했다. 가능한 한 최신 데이터를 반영해 시장에 대한 인지가 너무 늦지 않을 수 있도록 했다. 자료와 필자의 해석을 참고해 2024년에 맞는 스스로의 부동산 투자 전략을 만들기를 바란다.

이번 《부동산 트렌드 2024》는 기존 시리즈와 마찬가지로 Part1에서 전년 부동산 시장을 리뷰하며 책을 열었다. 필자의 예측대로 시장이 흘러가며 주택 가격 하락 문제가 심각했다. 첫 장에서는 아파트 단지별로 예상했던 가격과 실제 가격을 비교해 그 결과를 상세히 살펴볼 것이다.

Part2는 서울과 전국 광역시 아파트 가격을 분석했는데, 전국구의 넓은 범위부터 서울 구 단위까지 좁혀가며 흐름을 관찰할 것이다. 이번 책에서는 가격과 함께 '입주 물량'이라는 변수까지 고려해 그 내용을 담았다.

Part3는 2024년 부동산 투자자들이 놓쳐서는 안 될 6개의 이슈를 다뤘다. 거래량, PF대출 연장, 빌라포비아, 초품아 등 시의성 있는 주제들을 살펴볼 것이다. 특히 올해는 '국고채 10년물 금리'가 가장 중요한 경제지표가 될 텐데, 이것이 어떻게 부동산 가격에 영향을 미치는지 자세히 설명했다.

Part4는 신설된 장이다. 지난 책에서 아파트 대장 단지를 분석한 내용이 유용했다는 피드백을 받고 분석의 양과 깊이를 더했다. 서울시 8개 대장 단지를 평형별로 상세히 분석해 가격 트렌드를 담았고, 대장 단지 데이터를 기반으로 투자에 직접적으로 도움이 될 인사이트를 추렸다.

Part5에서는 2024년 서울시 집값에 대한 전망을 제시했다. 필자의 분석 모형을 더욱 정교하게 보완했으며 국내외 변수들이 향후 주택 가격에 미칠 영향을 살펴보았다. 또한 보수적인 투자자와 리스크를 감수할 수 있는 투자자 각각에게 맞는 전략을 소개했다.

Part6는 상권 트렌드를 담았다. 가장 강력히 떠오를 것으로 예상되는 세 곳의 핫 플레이스를 소개했다. 장사할 상권을 찾고 있거나, 요즘 오프라인 공간에서 어떤 문화가 형성되고 있는지 궁금한 이들에게 유용할 것이다.

　마지막으로 이 책을 집필하는 데 도움을 주신 분들에게 감사의 말씀을 드린다. 서울대 공유도시랩의 이소영 연구원, 이지상 연구원, 김규석 교수, 이보람 연구원, 이현승 연구원, 이영민 박사, 정재훈 박사, 이의준 변호사에게 감사드린다. 이분들의 도움 없이는 유용하고 풍성한 책을 만들 수 없었을 것이다. 그리고 벌써 3년째《부동산 트렌드》시리즈와 함께하는 독자 분들께도 무한한 감사와 응원의 말씀을 전한다. 이 혼란한 시장에서 함께 호흡하며 부동산 정보를 공유하고 결실을 만들어갈 수 있어 기쁘다.

　2024년에도 많은 위기와 기회들이 우리를 기다리고 있을 것이다. 그리고 다가올 기회를 준비하는 자가 승자가 될 것이다. 이제부터 그 단단한 준비를 위한 여정을 시작해보자.

2023년 10월 김경민

프롤로그_거대한 불확실성의 시기, 기회가 다가온다 · 4

Part
1

2023년 부동산 시장 다시 보기

1. 2023년 부동산 시장에는 어떤 일이 벌어진 걸까?
서울시 집값, 그 예측과 결과 · 15 | 부동산 하락세는 정말 멈춘 걸까? · 18 | 위기는 누군가에게
기회가 된다 · 22

(information) 도플갱어 같은 한국과 미국 부동산 시장 · 25

Part
2

빅데이터로 분석한 서울&전국 아파트

1. '전국' 아파트 매매 시장 동향
전국 아파트 물량 현황 · 31 | 서울 부동산의 변곡점을 찾아서 · 32 | 서울 VS 非서울, 가격 흐름
의 차이점 · 34 | ①수도권(서울·인천·경기) 시장 · 37 | ②부울경(부산·울산·경남) 시장 · 43 | ③대
전·세종 시장 · 46 | ④광주·대구 시장 · 50

2. '신도시' 아파트 매매 시장 동향

①수도권 동남부_강남, 분당, 수지 · 56 | ②수도권 동북부_노원, 남양주, 의정부 · 59 | ③수도권 서북부_마포, 일산, 파주 · 61 | ④수도권 서남부_양천, 안양, 김포 · 63

3. '서울시 구별' 아파트 매매 시장 동향

서울시 구별 아파트 세대수, 평당가 순위 · 67 | 강남4구(강남구, 서초구, 송파구, 강동구)_고가 아파트 시장 · 69 | 노도성(노원구, 도봉구, 성북구)_중저가 아파트 시장 · 75 | 고가 VS 중저가 아파트 시장의 차이점 · 79

Part
3

2024년 부동산 투자 빅이슈 TOP 6

1. 솔직한 거래량_"최소한 바닥은 벗어났다"

-83% 거래 절벽을 지나서 · 85 | 2023년 거래량 회복의 3가지 원인 · 88 | '갈아타기' 수요자의 귀환 · 93

(information) 강남권 입주 폭탄과 전세가격의 미래 · 97

2. 국고채 10년물 금리_시장의 향방을 알려줄 황금 지표

코로나 버블부터 인플레이션과 조정까지 · 101 | '국고채 10년물 금리'와 부동산 수익률 · 103 | 국고채 10년물 금리와 주택담보대출 금리의 관계 · 106 | 금융시장의 하락 압력 vs 입주 물량의 상승 압력 · 109

3. PF대출 연장_부동산 시장의 시한폭탄

PF대출로 경고등이 켜진 부동산 시장 · 111 | 부동산 PF대출 시나리오 · 113 | PF대출 연장이 남긴 시장의 좀비들 · 116 | PF대출 연장이 불러올 4가지 후폭풍 · 118

4. 빌라 절멸의 시대_빌라포비아의 나비효과

전세 거래 줄고, 경매 물건 늘어나다 · 122 | 충격적인 2023년 빌라 공급 감소세 · 123 | 빌라 절멸의 시대, 나비효과의 끝은? · 125

5. 불확실성_상승과 하락 압력이 공존하다

급격한 시공비 상승, "부동산 개발 못 한다" · 130 | PF대출 연장이 불러올 2025년 전세 시장 상승 압력 · 132 | 경기 활성화를 위한 '기준금리 인하' 가능성 · 134 | 기대와 우려가 공존하는 2024년 · 135 | 부동산 시장이 변하고 있다 · 136

6. 초품아_실거주도 투자도 스쿨존으로

왜 모두 '초품아'에 열광하는 걸까? · 141 | 초등학교에서 100m 멀어질 때마다 집값 1,200만 원 낮아진다 · 144

Part
4

8개 대장 단지 상세 리포트

1. 서울 대장 단지 평형별 가격 분석

왜 '대장 단지'를 봐야 하는가 · 149 | ①서초구 반포자이 · 151 | ②강남구 도곡렉슬 · 162 | ③송파구 '엘리트' · 174 | ④성동구 왕십리 뉴타운 · 188 | ⑤중구 남산타운 · 199 | ⑥마포구 마포래미안푸르지오 · 210 | ⑦서대문구 DMC파크뷰자이 · 221 | ⑧관악구 관악드림타운 · 231 | 대장 단지 분석으로 보는 5가지 인사이트 · 241

Part
5

2024년 부동산 가격 大예측

1. 서울시 집값 시나리오
한국, 중국, 미국 변수의 콜라보레이션 · 249 | 2024년 부동산 시장의 2가지 시나리오 · 252 |
2024년을 맞는 투자자의 전략 · 254

2. 대한민국 부동산 시장이 가야 할 방향
보금자리를 위협하는 입주 절벽 · 257 | 서민 주거복지를 위한 정책 제언 · 259

(information) 공공임대주택 확보를 위한 정책 제언 · 267

Part
6

주목해야 할 '핫 플레이스' TOP 3

1. 2022~2023년 핫 플레이스 리뷰
어떤 지역이 핫 플레이스가 되는가 · 273 | 2022~2023년 핫 플레이스의 근황 · 275

2. 빅데이터로 예측하는 미래의 핫 플레이스
①성수동_계속되는 확장과 변화하는 송정동 · 294 | ②약수동·금호동_서브 핫 플레이스의 재
미 · 301 | ③신촌_대한민국 3대 상권의 부활 · 308

참고문헌 · 318

Part

1

2023년 부동산 시장 다시 보기

2023년 부동산 시장에는 어떤 일이 벌어진 걸까?

2024년을 보수적 관점에서 정체(혹은 단기적 충격)로 본다고 하더라도 장기적 관점(2025년 이후)에서 서울시 부동산을 부정적으로 봐야 할지는 의문이다. 현재 서울시 아파트 시장은 심각한 위기상황이며 동시에 이 위기 속에 기회가 있기 때문이다.

서울시 집값, 그 예측과 결과

2024년 부동산 시장을 전망하기에 앞서 우리가 반드시 이해하고 자문해야 할 것이 있다.

"2023년 그리고 2022년, 도대체 부동산 시장에 어떤 일이 벌어졌던 걸까?"

올해로 세 번째를 맞는 《부동산 트렌드》 시리즈는 매년 10월에 출간된다. 이를 역산하면 9월 말부터는 책을 인쇄해야 하고, 늦어도 8월 중순에는 출판사에 원고를 넘겨야 한다는 의미다. 그래서 필자의 부동산 시장에 대한 분석은 8월 중순을 기준으로 한다. 《부동산 트렌드 2023》에 담긴 분석은 2022년 8월을 기점으로 예견했던 것이다. 《부동산 트렌드 2023》에서 서울시 주택 가격을 분석하며 필자가 주요하게 주장한 바는 다음과 같았다.

첫째, 2022년 8월, 서울 대형 아파트 단지(3,000세대 이상)에서 직전 최고점(2021년 10월) 대비 평균 20% 정도 하락이 진행 중이다.

둘째, 각 단지별 하락 폭의 차이가 지나치게 크다. (송파구 신천장미 아파트는 거의 하락하지 않은 반면, 목동의 한 단지는 무려 40% 하락했다.)

따라서 셋째, 앞으로의 부동산 가격은 시장의 전반적인 하락 폭이 중요한 것이 아니라, 해당 아파트가 과거 어느 시점의 가격까지 도달하느냐에 있다. 그리고 가격은 대략 2018년 4분기 선까지 후퇴하며 하락할 가능성이 있다고 보았다.

실제로 2022년 하반기와 2023년 상반기, 서울시 아파트 단지는 매도호가 기준으로 2018년 4분기 가격까지 하락한 곳이 나타났다. 하지만 부동산 하락의 속도는 필자의 예상을 뛰어넘었다. 부동산 대세 하락은 서울의 경우 2021년 4분기부터 시작되었고, 2022년에는 가격이 심각한 수준으로 급락했다. 서울시 전체 아파트 가격은 27% 하락했는데, 특히 중구(-35%), 동대문구(-32%), 강동구 (-32%), 강서구(-31%), 금천구(-31%), 관악구(-30%)의 낙폭이 컸다. 아파트 물량이 없는 중구를 제외하면 강남구부터 거리가 먼 지역의 가격대 하락이 큰 것을 알 수 있다. 강남구는 서울시 전체와 비슷한 26% 하락이 나타났고, 인근의 서초구는 13% 하락에 그쳐 모든 구 중에 낙폭이 가장 작았다. 단지별로 분석을 해봐도 역시 하락 폭이 상당했고, 결국 집값은《부동산 트렌드 2023》에서 예상한 가격대까지 빠르게 도달했다.

① 도곡렉슬(강남구): 23억 5,000만 원까지 하락(2023년 1월 13일 거래)
2019년 4분기에 도곡렉슬 33평형은 13건 거래되었다. 가격대는 22억 5,000만 원부터 24억 9,000만 원까지로 2019년 4분기 평균 가격은 23억 5,000만 원이다. 그렇다면 앞으로 23억 5,000만 원까지의 가격 하락은 어쩌면 유동성 버블 제거로 인한 당연한 수순일 수 있다.

_《부동산 트렌드 2023》213쪽

② 관악드림타운(관악구): 6억 5,000만 원까지 하락(2022년 12월 15일 거래)

관악드림타운은 2020년과 2021년 강남구 대장 단지인 도곡렉슬의 상승률을 크게 넘어섰다. 따라서 자산 버블 발생 전인 2019년 4분기 가격(평균 6억 7,000만 원)으로의 회귀는 당연하며 하락률이 상당할 수 있다.

_《부동산 트렌드 2023》215쪽

③ 남산타운(중구): 11억 4,000만 원(2023년 5월 18일 거래)

코로나 시작 전인 2019년 4분기와 기준금리 3.5% 시나리오의 준거시기인 2018년 4분기의 가격대가 10억 원인 만큼 남산타운은 10억 원이라는 가격이 매우 중요한 기준이 될 것으로 보인다. (중략) 남산타운은 2022년 8월 현재 단기 조정을 이미 경험했고 장기 조정으로 들어간 상황이다. (중략) 남산타운은 이미 심각한 하락을 경험했기 때문에 다른 아파트 단지에 비해 2023년 하락 폭이 작을 수 있다.

_《부동산 트렌드 2023》217쪽

남산타운은 2023년 5월 11억 4,000만 원대 거래가 이루어졌고, 2023년 10월 현재 11억 원 중반대 매물이 존재하고 있다. 예측했던 대로 단기 조정이 심했던 만큼 하락 폭이 작았다.

④ 올림픽훼밀리타운(송파구): 13억 4,000만 원(2022년 12월 19일 거래)

앞으로 올림픽훼밀리타운이 2018년 4분기와 2019년 4분기 가격 대인 13억 원대 후반에서 14억 원대 초반으로 자연스럽게 회귀할 가능성을 보여준다.

_《부동산 트렌드 2023》220쪽

부동산 하락세는 정말 멈춘 걸까?

단기간에 이런 규모의 집값 하락은 2008년 금융위기 이후 처음 있는 일이었다. 그런데 2023년에는 분위기가 사뭇 달라지기 시작 했다. 2022년 심각하고 빠르게 진행되던 전국의 부동산 하락세가 2023년 들어서 멈추기 시작한 것이다. 일부는 상승하기도 했으니 최소한 하락은 멈춘 형국이다.

이는 여전히 금융시장이 강력하게 영향을 미치면서 나타난 현상 이다. 부동산 시장은 크게 '공간시장(아파트 공급량, 아파트 거주세대수, 주민들의 소득수준 등)'과 부동산 이외의 '금융시장(기준금리, 국고채 10 년물 금리, 주택담보대출 금리, GDP 등)'의 영향을 받는다. 공간시장 변 수는 주로 권역별 시장에서 발생하는 요인들이며, 금융시장 변수는 권역을 넘어서 한 국가의 모든 지역에 영향을 주는 요인들이다. 예 를 들어 부산시 아파트 공급량은 수도권 인천시 아파트 가격에는 영 향을 주지 않는다. 반면 기준금리 혹은 주택담보대출 금리와 같은 변수는 대개 모든 지역에 걸쳐 영향을 발휘한다.

2010년대 대한민국 광역시 중 부동산 가격이 서울과 같이 움직인 지역은 인천 정도에 불과했다. 같은 수도권에 위치해 비슷한 가격 패턴을 보여준 것이다. 부산과 울산은 2016년부터 2019년까지 서울 아파트가 급등할 때 오히려 가격이 급락했으며, 대전과 세종 지역은 정체 상태였다. 이처럼 2010년대 대한민국 부동산 시장은 광역시별 요인이 크게 작용했다.

그런데 2020년 코로나 사태 이후 기준금리가 0.5%로 급락하며 시중에 자금이 많이 풀리자 전국의 모든 광역시 부동산 가격이 예외적으로 동반 상승했다. 반대로 2021년 후반부터는 기준금리를 다시 올리기 시작했는데, 그 결과 모든 광역시의 부동산 가격이 2021년 4분기를 기점으로 정점을 찍고 폭락하기 시작했다. 이후 2023년 1분기, 모든 광역시의 부동산 하락세는 최소한 멈췄다.

많은 이들이 여전히 경제가 안 좋고 PF 대출♀ 연장 등으로 부동산 시장이 불안한 상황에서 어떻게 2023년 들어 전국의 부동산 가격이 하락을 멈추고 (일부에서) 상승하는가에 대해 의문을 가질 수 있다. 이는 Part3에서 더 자세히 다루겠으나, 금융시장 요인이 강력한 영향을 발휘하고 있기 때문이다. 혹자는 기준금리를 상승시킨 만큼 유동성이 잡힌 것이 아니냐고 물을 수 있다. 하지만 현재 부동산 시장

♀ PF(Project Financing, 프로젝트 파이낸싱)대출이란 부동산 개발 등과 같은 대규모 프로젝트 사업의 향후 개발 수익을 담보로 대출받는 금융 기법이다. 최근 부동산 경기 침체로 개발에 차질이 생겨 PF 대출 투자금 회수가 어려워진 사업이 많다.

에서 주의 깊게 봐야 하는 부분은 기준금리보다는 '주택담보대출 금리'의 흐름이며, 이는 또한 주택담보대출 금리와 연관되는 '대한민국 국고채 10년물 금리'를 지켜봐야 한다는 의미도 된다. 그 이유를 조금 더 구체적으로 살펴보겠다.

지난 책에서도 언급했듯 원래 ①기준금리와 ②국고채 10년물 금리, ③주택담보대출 금리는 일정한 스프레드(간격)를 두고 거의 동일한 방향으로 움직이는 경향이 있다. 그런데 2022년 4분기부터 현재까지, 통상 같은 흐름을 보이는 기준금리와 국고채 10년물 금리 간에 괴리가 발생하는 아주 예외적인 상황이 벌어졌다. 실제 수치를 보자면 기준금리가 3.0%(2022년 10월)에서 3.5%(2023년 3월)로 상승할 때, 국고채 10년물 금리는 4.6%(2022년 10월)에서 3.3%(2023년 3월)로 5개월간 무려 130bps⁹ 하락하면서 주택담보대출 금리(신규)도 급감했다. 그리고 이렇게 주택담보대출 이자가 급격하게 저렴해진 상황은 주택 수요자들이 부동산 시장으로 진입하게끔 만들었다. 2023년 들어 부동산 가격 하락세에 제동이 걸린 이유다.

그러나 앞으로도 주택담보대출 금리가 계속 낮은 수준을 유지할지는 지켜봐야 한다. 미래 예측은 어렵다. 그럼에도 우리는 상황을 조금 단순화해 분석할 필요가 있다. 필자는 편의상 단기(2023년 하반기~2024년) 그리고 중장기(2025년 이후)로 나눠 예측해보려 한다.

---

⑨ 1bps＝0.01%

단기 예측(2023년 하반기~2024년)

우리나라를 둘러싼 국내외 동향은 매우 혼란스럽다. 미국 국채 금리 상승과 중국 부동산 위기 등이 심상치 않다. 미국 국채 10년물 금리는 2008년 금융위기 이후 최고로 높은 수준(2023년 8월 4.25%)에 이르렀고 미국 주택담보대출 금리가 다시 오르며 주택 시장이 소강 국면에 들어갔다. 중국은 최대 부동산 개발 업체인 헝다(미국명 에버그란데)가 미국법원에 파산을 신청하는 상황에 이르렀다. 우리가 국제 경제와 금융환경을 주시해야 하는 이유는 모든 상황들이 연계되어 있기 때문이다. 해외 금융시장에서 미국 국채 금리가 인상되는 상황은 바로 우리나라 국채 금리 인상을 불러오며 이는 우리나라 주택담보대출 금리 인상으로 연결된다.

2023년 8월 현재, 한국 국고채 10년물 금리는 3월부터 지속적으로 상승하면서 3.9%에 도달했다. 국고채 10년물 금리가 3.3%에서 3.9%로 상승하자, 언론에서도 주택담보대출 금리가 빠르게 상승한다는 기사[1]가 많이 나오고 있다.

한국 국고채 10년물 금리

또한 2024년에는 매우 큰 이벤트들이 대기 중이며 우리는 관련한 상황을 인지해야 한다. 4월로 예정된 국회의원 선거와 PF대출 만기후 부동산 시장이다. 2022년 가을부터 불거진 PF대출 문제는 현재

2024년 총선 이후로 대출이 연장된 상황이다. 즉, 부동산 시장 내부에 폭탄이 제거되지 않고 존재하는 형국이다. 만약 PF 사태가 2024년 여름 이후에 터진다면 은행권 신용경색이 나타나며 금리가 요동칠 수 있다.

요약하자면, 2023년 하반기 국제경제·금융 상황이 한국에 어떤 영향을 줄 것인지(국고채 금리와 주택담보대출 금리가 상승할 것인지) 그리고 2024년 여름 PF 사태가 안정적으로 마무리될 것인지가 관건이다. 만약 2023년 하반기 한국 국고채 금리가 4%를 넘어선다면 주택담보대출 금리 상승과 주택 가격 정체가 나타날 것이다. 이에 더해 2024년 PF 사태가 다시 수면 위로 올라오면 또 다른 후폭풍이 올 수 있다. 이 두 가지가 별 탈 없이 지나간다면 부동산 시장 상황은 점차 개선될 것이다. 필자가 염려하는 부분은 중장기 상황이다. 필자와 같은 위험회피형 투자자는 매우 보수적 관점에서 2024년 시장을 바라볼 수 있다.

위기는 누군가에게 기회가 된다

중장기 예측(2025년 이후)

그런데 2024년을 보수적 관점에서 정체(혹은 단기적 충격)로 본다고 하더라도, 장기적 관점(2025년 이후)에서 서울시 부동산을 부정적으로 봐야 할지는 의문이다. 현재 서울시 아파트 시장은 심각한 위기상황이며, 동시에 이 위기 속에 기회가 있기 때문이다. 위기와 기회는 세 가지 차원에서 나타난다.

첫째, 빌라포비아의 여파: 전세 사기에 대한 우려 등으로 사람들은 빌라와 오피스텔에 거주하려는 마음을 거두고, 아파트라는 상위재로 발걸음을 돌리고 있다. 즉 아파트 전세 수요가 상승할 가능성이 있다.

둘째, PF대출 연장의 여파: PF 사태가 터진다면 부동산 시장에 큰 풍파를 일으켜 토지 가격이 급락할 수 있다. 기본적으로 금융권은 부실 자산이 발생하면 낮은 가격에라도 처분하는 경향이 있기 때문이다. 물론 이는 단기적으로 부동산 가격에 매우 큰 부정적 효과를 끼치는 것이 맞다. 그럼에도 위기관리를 제대로 한, 즉 PF 사태를 대비해 자금을 축적하고 준비한 건설회사와 디벨로퍼들에게 이는 기회가 된다.

PF대출 연장은 일시적으로 상황을 묶어놓음으로써, 토지 시장에 충격을 주지 않았다. 따라서 디벨로퍼들이 목도한 현재 상황은 이렇다. ①여전히 높은 토지 가격, ②인플레이션으로 매우 급하게 오른 시공비, ③PF대출이 굉장히 힘들어 높은 금융비용. 그야말로 퍼펙트 스톰°이다. 이는 결국 새로운 개발을 거의 불가능하게 만들고 있다. 토지 가격이라도 많이 낮아졌다면, 자금을 확보한 기업들은 시공비와 금리 인상분이 높더라도 비축한 자금으로 부동산 개발을 시도할

° Perfect Storm, 동시다발적 악재로 인한 초대형 경제위기.

수 있다. 그런데 시공비와 금융비, 토지 가격까지 높은 상황에서는 아파트 개발에 참여할 디벨로퍼가 많지 않다. 이는 인허가 물량에도 그대로 나타나는데, 2022년과 2023년 아파트 개발 인허가 물량은 역대 가장 저조한 수준이다.

셋째, 최악의 수준이 예상되는 2025~2026년 이후의 서울시 아파트 입주 물량: 토지 가격이 많이 떨어지지 않았기에 디벨로퍼들이 부동산 개발에 들어가기 매우 힘든 상황이다. 따라서 위에서 언급한 바와 같이 모든 유형의 주택(빌라, 오피스텔, 아파트 등) 인허가 물량은 역대 최저 수준이다. 여기서 알아야 할 점은 대개 인허가 시점부터 3~4년 후 입주 물량이 시장에 나온다는 것이다. 2022년과 2023년 인허가 물량이 적다면 2025~2026년 이후 서울시 아파트 입주 물량이 심각하게 줄어들 것은 너무나 명약관화하다.

따라서 2025년 이후, 서울시 주택 시장은 빌라 등 하위재뿐 아니라 아파트 전세가격부터 출렁일 가능성이 높다. 2010년대 중후반에 전세가격 상승이 매매가격을 밀어올렸던 것 같은 효과가 안 나타나리라는 보장이 없다. 2024년은 다양한 위기 상황이 나타날 가능성이 농후하며 위기는 어떤 투자자에게는 기회가 될 수 있다.

도플갱어 같은 한국과 미국 부동산 시장

국고채 10년물 금리와 기준금리가 다르게 움직인 대표적인 나라는 미국이다. 미국은 한국처럼 예상치 못했던 주택 가격 반등이 나타났다.[2] 미국의 30년 만기 주택담보대출 금리(그래프 회색 선)는 거의 완벽하게 국고채 10년물 금리(주황색 선)와 연동한다. 그리고 국고채 10년물 금리는 기준금리(파란색 선)와 비슷한 패턴을 보여주며 대개 기준금리보다 높다.

미국 기준금리, 국고채 10년물 금리, 주택담보대출 금리(30년, 고정) 추이(1990~2023년)

문제는 한국과 비슷하게 2022년 4분기부터 미국 국고채 10년물 금리

가 기준금리보다 낮아지면서 발생하기 시작했다. 기준금리는 지속석으로 상승함에도(2022년 여름 2%대에서 2023년 5%대 초반까지 상승), 국고채 10년물 금리는 2022년 10월을 기점으로 4%대에서 3%대 중반으로 하락한 것이다. 그리고 이는 30년 만기 주택담보대출 금리에 영향을 미쳐 2022년 4분기 7%를 돌파했던 주택담보대출 금리가 2023년 1분기에 6.2%대까지 하락했다.

미국 기준금리, 국고채 10년물 금리, 주택담보대출 금리(30년, 고정) 추이(2022~2023년)

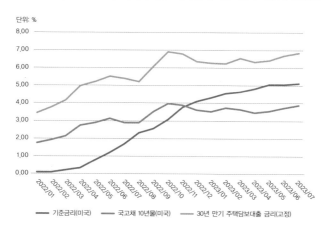

낮아진 주택담보대출 금리는 주택 수요를 다시 자극했고, 한국과 비슷한 결과를 이끌었다. 부동산 가격이 바닥을 찍고 다시 상승한 것이다. 한국과 미국 모두 여전히 유동성이 중요한 시점이며 시장은 유동성에 의해 움직이는 것을 알 수 있다.

그런데 미국은 2023년 4월 이후 국고채 10년물 금리(4월 3.46%)가 다시 빠르게 상승하면서 8월 현재 4.3%를 넘었다. 불과 4개월 사이 국고채 10년물 금리가 80bps 상승해 주택담보대출 금리도 덩달아 다시 급등하기 시작했다. 미국 부동산 시장은 상반기와 달리 하반기는 정체 국면에 들어갔다.

집값 하락세가 멈춘 미국   출처_〈한국경제〉, 2023.04.26.

미국 부동산 살아날까…집값 8개월 만에 반등

미국 주요 도시의 집값이 8개월 만에 반등했다. 미국의 부동산 시장이 다시 살아나는 신호라고 보기엔 아직 이르다는 분석이다. (중략)

집값 하락세가 멈춘 것은 가파르게 상승하던 주택담보대출(모기지) 금리가 작년 12월과 올해 초 하락했기 때문이다. 월스트리트저널(WSJ)은 "통상 계약 완료까지 한두 달 걸리는 만큼 2월 주택 매매 계약은 작년 말이나 올해 초 매수 결정이 이뤄졌을 것"이라고 분석했다.

2월 집값이 상승했다고 해서 미국 부동산 시장이 다시 회복한다고 보기는 어렵다. 미 중앙은행(Fed)이 당분간 인플레이션 억제에 초점을 맞춰 높은 수준의 금리를 유지할 것으로 보이기 때문이다.

Part

2

빅데이터로 분석한
서울&전국 아파트

'전국' 아파트 매매 시장 동향

시장의 본질 가격이 지표상 하락했음에도 사람들은 하락이 진행 중인 것을 인지하지 못했다. 사람들은 부동산 가격이 계속해서 오르고 있다 착각하고 있었고, 나중이 되어서야 가격이 이미 반전했음을 인지했다.

전국 아파트 물량 현황

전국 아파트 수는 대략 1,111만 세대이며, 그중 절반인 약 550만 세대가 수도권에 있다. 수도권 내부에서 가장 아파트가 많은 지역은 경기도로 인천(66만 세대)을 제외하고 대략 324만 세대가 존재하며, 이는 160만 세대가 있는 서울의 2배이다.[3]

따라서 수도권에서 가장 큰 아파트 시장은 서울보다는 경기도이나, 그렇다고 경기도 시장이 서울을 선도하는 것은 아니다. 경기도에 대량의 신도시가 지어지면서 아파트 물량이 증가했을 뿐, 물량만으로 시장 선도 여부를 이야기하는 것은 무의미하다. 수도권 외 광역시와 특별자치시 아파트 물량은 다음 그래프와 같다. 비수도권 5개

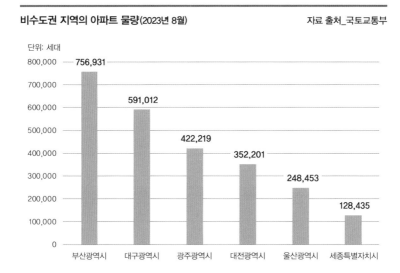

비수도권 지역의 아파트 물량(2023년 8월)　　　　자료 출처_국토교통부

단위: 세대

- 부산광역시: 756,931
- 대구광역시: 591,012
- 광주광역시: 422,219
- 대전광역시: 352,201
- 울산광역시: 248,453
- 세종특별자치시: 128,435

광역시와 특별자치시의 아파트 물량을 모두 더하면 약 250만 세대이며, 이는 경기도 물량 324만 세대에 못 미친다.

서울 부동산의 변곡점을 찾아서

이제 서울 부동산의 매매가격은 어떻게 흘러가고 있고 지금 어떤 위치에 있는지 살펴볼 차례다. 2010년 이후 서울 아파트 시장의 가격 흐름은 크게 5개 시기로 구분된다. 2013년부터 시작된 정체기와 2021년 말까지 이어진 상승기 사이는 경계가 모호할 수 있지만 필자의 편의상 2015년 8월을 기준으로 삼았다. 아파트 가격이 오르기 시작한 2015년 전후만 하더라도 많은 사람들이 가격 상승이 실제로 일어나는지 반신반의하는 분위기였으며, 미래를 대세하락의 관점에서 보는 사람도 많았다.[4]

서울 아파트 가격 흐름(2010년~)

기간	추세	누적 상승률
2010년 2월 ~ 2012년 12월	하락기	−14%
2013년 1월 ~ 2015년 7월	정체기	+15%
2015년 8월 ~ 2021년 10월	상승기	+150%
2021년 11월 ~ 2022년 12월	급락기	−26%
2023년 1월 ~ 현재	정체기	+6%

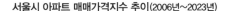

서울시 아파트 매매가격지수 추이(2006년~2023년)

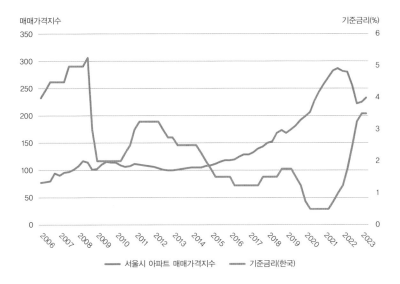

매매가격지수   기준금리(%)

─── 서울시 아파트 매매가격지수   ─── 기준금리(한국)

    여기서 주의 깊게 보아야 할 부분은 정체기인 시기에도 부동산 가격(인플레이션을 고려하지 않은 명목가격)은 상승했다는 점이다. 서울 아파트의 경우 경기도권의 대기 수요가 존재하기 때문에 정체기인 상황에서도 최소한 인플레이션만큼 혹은 그 이상으로 상승할 수 있다는 것이다.

    이 시기 중 가장 관심을 둘 부분은 2022년부터 현재까지다. 이 흐름을 정확히 이해해야 향후 가격 흐름을 제대로 예상할 수 있다. 지표상 언제 가격이 하락 반전했으며 당시 어떤 상황이 전개되었는지 분명히 짚고 넘어갈 필요가 있다.

    부동산 대폭등 이후 2022년 전반기에는 시장 참여자 사이 아파트

가격이 하락했는지에 대한 논의가 많았다. 시장의 본질 가격이 지표성 하락했음에도 사람들은 하락이 진행 중인 것을 인시하시 못했다. 사람들은 부동산 가격이 계속해서 오르고 있다 착각하고 있었고, 나중이 되어서야 가격이 이미 반전했음을 인지했다. 이는 매우 중요한 인사이트를 남기는데, "일반인들은 부동산 시장 가격 흐름을 뒤늦게 인지한다"는 것이다. 즉, 실제 가격과 인지 사이 시차가 존재한다. 지난 급락기의 경우 가격 하락이 2021년 11월에 시작되었음에도 그 인지에는 몇 개월이 걸렸다.

이것은 역으로 가격이 하락을 멈췄다는 것을 늦게 인지할 수도 있다는 말이다. 시장이 급격하게 움직일 때는 더욱 그럴 수 있다. 우선 현재 시장 흐름과 관련해 분명한 부분은 서울의 경우 2021년 11월부터 가격이 하락했다는 점과 2023년 1월부터 반등하기 시작했다는 점이다. 먼저 시장 흐름을 이해하는 자가 승자가 된다.

서울 VS 非서울, 가격 흐름의 차이점

이제 본격적으로 전국 부동산과 서울시 부동산의 가격 흐름을 비교해보자. 앞서 서울은 2010년 이후 5개 시기로 구분 가능하다고 언급했다. 다만 각 구간별 서울과 다른 광역시 가격의 흐름에는 큰 차이가 났다. 특히 2020년 이전, 서울시가 하락기-정체기-상승기를 경험했을 때, 비수도권 광역시의 아파트 가격은 다른 양상을 보여줬다.

전국 아파트 매매가격지수 추이(2010~2023년)

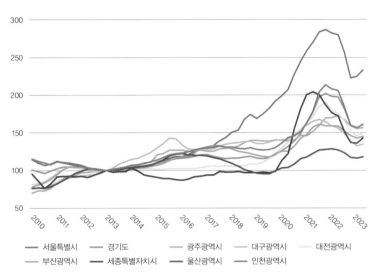

서울시가 하락기(2010~2012년)를 지날 때, 인천은 서울과 같이 가격이 하락했으나 다른 모든 광역시는 가격이 가파르게 상승했다. 이런 차이는 2008년 금융위기 때도 있었는데, 당시 서울과 인천은 가격 하락을 경험한 데 비해 다른 광역시들은 거의 타격을 입지 않았다. 이후 서울 정체기(2013~2015년)에는 대구의 경우 가격이 오히려 상승했으며, 서울의 가파른 상승이 이어진 2015~2019년에 인천을 비롯한 모든 광역시의 가격은 정체 혹은 하락했다. 즉, 2010년대를 통틀어 서울시와 전국 광역시의 가격 흐름은 전혀 달랐다. 수도권인 인천 역시도 2010년부터 2016년까지는 서울과 비슷한 흐름을 보였으나, 2017~2019년에는 서울시와 분화되어 다른 모습을 보였다.

그런데 2020년에 들어서면서 서울시를 포함한 모든 광역시들이 같은 방향으로 동일하게 움직이기 시작했다. 2020년 1월부터 2021년 4분기까지 전국의 모든 광역시 아파트 가격이 빠르게 상승했다. 또한 2021년 4분기를 기점으로 가격 하락이 시작되어 2022년 모든 광역시들이 급격한 가격 하락을 경험했다. 2023년이 들어서자 모두 하락을 멈춘 모양새다. 그렇다면 2023년 8월 현재는 어떨까? 서울을 위시한 몇 개 광역시는 가격 상승이 포착되나, 일부는 정체된 모습이다.

2010년대 전혀 다르게 움직인 광역시의 가격 패턴은 광역시 자체의 변수들이 해당 지역 가격에 큰 영향을 미쳤기 때문이다. 예를 들어 서울시 가격이 폭등하던 2016~2019년, 부산과 울산 지역 아파트 가격은 심각하게 하락했는데 이는 울산 지역경제(조선업)가 급격히 쇠퇴하면서 아파트 시장에 부정적인 영향을 미친 탓이 크다.

반대로 2020년 이후, 모든 광역시가 같은 형태로 함께 움직인 모습은 광역시권 영향보다는 전국에 걸쳐서 영향을 주는 국가적 변수(국고채 10년물 금리 등)가 절대적 영향을 주고 있기 때문이다. 이러한 국가적 변수의 영향력이 작아지고 다시 지역별 변수가 더 큰 영향을 발휘하기 시작한다면, 2010년대에 보아왔던 대로 광역시별로 다르게 움직이는 가격 패턴이 다시 나타날 수 있다.

대한민국의 광역시를 중심으로 아파트 시장을 분석하면 크게 4개의 권역별 시장으로 묶을 수 있다. ①서울과 인천, 경기도를 포함하는 수도권 시장, ②일명 '부울경'으로 불리는 부산·울산·경남 시장,

- 가격의 본질적 흐름과 사람들의 인지 사이에는 시차가 존재한다. 사람들은 가격 하락이 시작된 시점을 늦게 인지한다. 그렇다면 향후 가격 상승이 시작된 지점 역시 늦게 인지할 가능성이 크다. 먼저 시장 흐름을 이해하는 자가 승자가 된다.
- 2010년대는 광역시별 요인이 더 크게 작용해 수도권과 비수도권의 가격 패턴이 다르게 움직였다.
- 2020년 이후 전국에 동일하게 영향을 주는 유동성(국고채 10년물 금리 등)이 더 큰 역할을 하고 있다. 그러나 향후에는 광역시별 변수(특히 지역경제와 입주 물량)가 더 큰 영향이 줄 가능성을 무시해서는 안 된다.

③충청도의 대전·세종, ④지리적으로는 상당히 차이가 있지만 가격 흐름이 비슷한 광주·대구 시장이다. 지금부터는 각 지역 아파트 시장의 특징을 자세히 살펴보겠다.

①수도권(서울·인천·경기) 시장

2010년 1월부터 서울과 경기도, 인천 지역의 흐름을 살펴보자. 이 수도권 지역은 대체로 비슷한 흐름을 가진다고 볼 수 있지만 세부적으로 들어가면 차이가 존재한다.

수도권 아파트 매매가격지수 추이(2010~2023년)

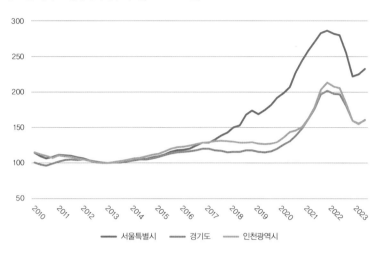

서울시 하락기(2010~2012년)에 인천은 비슷하게 가격이 내려가는 모습을 보이는 데 반해 경기는 사뭇 다른 분위기로 상승세를 탔다. 이어지는 서울시 정체기(2013~2015년 2분기)에는 인천과 경기도가 서울과 비슷한 모습을 보였다. 하지만 서울시가 상승을 시작한 2015년 3분기부터 2019년까지는 완전히 다른 모습이다. 서울이 빠르게 상승하는 와중 인천과 경기도는 가격이 정체된 모습이다. 경기도와 인천이 본격적으로 상승을 시작한 시점은 코로나19 사태로 기준금리가 내려간 2020년 초반부터다.

특히 '경기도'를 더 자세히 바라보자면, 2010년대를 통틀어 사실상 가격이 정체 상태였다. 2010년부터 2019년까지 약 10년은 월 평균 상승률이 0.15%에 불과했다. 이후 2020년 1월부터 2021년 10월까지 아파트 가격 누적 상승률이 65%에 달하나, 2021년 11월부터 2022년 12월까지 가격이 급락했다. 2023년 1월부터는 다시 반등하는 모양새다.

'인천'도 서울과 마찬가지로 하락기-정체기-상승기-급락기-정체기 등 다섯 구간으로 구분할 수 있다. 그러나 인천은 정체기가 2013년 1월부터 2019년 12월까지 7년으로, 서울의 2년 7개월보다 훨씬 길었다. 이후의 상승기와 급락기, 정체기의 터닝 포인트는 서울, 경기와 비슷한 시점(±1개월)이었으며, 그 수준은 서울보다는 경기도와 더 가까운 수치를 보인다.

이렇게 최근의 상승기였던 2020년 1월부터 2021년 10월까지 서울은 누적 상승률 48.4%(월 평균 상승률 2.2%)였으나 경기도는 누적 상승률 65.4%(월 평균 상승률 3.0%), 인천은 누적 상승률 61.6%(월 평균 상승률 2.8%)로 동일 기간 서울보다는 경기도, 인천의 상승률이 더 높았다. 하지만 서울은 2015년 8월부터 상승이 지속되어왔기에 경기도, 인천에 비해 상승 기간이 4년 5개월 더 길다. 2015년 8월부터의 누적 상승률을 본다면 경기도와 인천은 서울에 비할 바가 못 된다. 따라서 2020~2021년 사이 서울의 누적 상승률이 경기도, 인천에 비해 낮은 것은 서울이 훨씬 긴 기간에 걸쳐 상승한 점을 고려해야 한다.

여러 번 이야기하지만 2020년 이후 전국 부동산은 모두 같은 방향으로 움직이고 있으며, 이는 2023년 1월 하락이 멈춘 시점도 포함된다. 결국 전국의 부동산 시장에 같은 영향을 주는 요인인 '유동성'이 여전히 큰 영향을 끼친다고 볼 수 있다. 문제는 앞으로도 그럴 것인가이다. 서울과 경기도는 2010년대에 걸쳐서 전혀 다른 패턴이었고, 서울과 인천은 2015년 이후 다른 흐름을 보여주었다. 수도권 안에서도 서울과 인천, 경기도 아파트 시장이 분화된 것이다. 따라서 만약 각 시장별 주요 요인(소득수준, 부동산 입주 물량 등)이 보다 강력한 영향력을 발휘하게 된다면, 2020년대 중반 이후 서울과 경기도, 인천은 서로 다른 방향으로의 흐름을 보일 수 있다.

그 단초는 향후의 '입주 물량'이 될지 모른다. 2010년부터 2021년까지 서울의 1년 평균 준공 물량은 3만 4,255세대, 최소 준공량은

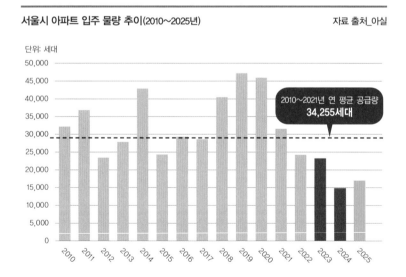

서울시 아파트 입주 물량 추이(2010~2025년)　　　　　　　자료 출처_아실

단위: 세대

2010~2021년 연 평균 공급량
34,255세대

2012년의 약 2만 3,000세대다. 2012년 준공 물량이 적은 이유는 2008년 금융위기 이후의 부동산 경기 위축과 연관된다. 시장에 심각한 타격이 발생한 시점에는 개발 행위가 잘 일어나지 않아 인허가 물량이 적어지는데, 그로부터 3~4년 후의 입주 물량은 낮아질 수밖에 없다.

2024년 이후 서울의 예상 입주 물량은 매우 낮다. 2024년은 약 1만 5,000세대, 2025년은 약 1만 7,000세대 그리고 2026년은 동대문구 이문동과 성북구 장위동 뉴타운 물량이 예정대로 나오는 경우 6,000세대에 불과하다. 2026년에는 강남3구를 비롯해 마용성(마포구, 용산구, 성동구) 등 20개구에서 입주 물량 집계가 없다.

부동산 입주 물량이 나오기 위해서는 대략 3~4년 전 인허가가 나오고 건설에 들어가야 한다. 그렇다면 2023년 현재 인허가 물량이 2026~2027년 입주 물량이 될 가능성이 높다는 뜻이다. 문제는 현재 인허가 물량이 거의 나오지 않고 있다는 점이다. 장위 뉴타운과 이문 뉴타운과 같이 오랜 기간 준비되었던 뉴타운 개발을 제외하면, 현재로서는 2026년 이후 입주 물량이 큰 폭으로 떨어질 가능성이 매우 높다. 2024년과 2025년 물량은 과거 평균의 절반 수준에 불과하며, 2026년 이후는 더 처참할 수 있다. 입주 물량이 이 정도로 부족한 경우, 2025년 이후 전세가격이 상승 압력을 받을 수 있으며 이는 매매가격으로 전가될 수 있다. 따라서 서울 부동산 시장의 미래는 대폭락의 2022년 상황과 정반대가 될 가능성이 매우 크다.

인천시 아파트 입주 물량(2010~2025년)

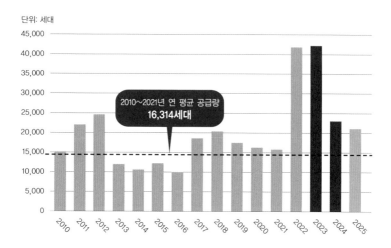

단위: 세대

그런데 경기도와 인천의 입주 물량은 서울과 상황이 다르다. 경기도는 신도시 개발계획 현실화에 따라 대규모 물량이 나올 수 있으며, 인천은 상당한 물량이 출하 예정이다. 인천의 경우, 입주 물량이 2010~2021년 평균 1만 6,314세대(최소 물량은 2016년의 약 1만 세대)인데, 2022년(약 4만 1,000세대)과 2023년(약 4만 2,000세대)에 총 8만 4,000세대 가량이 시장에 출하되었다. 이는 2년 동안 5년 반 치물량이 나온 것이다. 인천은 현재도 상당량의 미분양 물건이 적체된 상황인 것이다. 이후 2024년과 2025년 물량도 평년치 이상이다. 이런 대규모 물량이 해소되기에는 상당한 시간이 필요할 것이다.

②부울경(부산·울산·경남) 시장

2010년 2월부터 부울경(부산·울산·경상남도)의 흐름을 살펴보면 이 지역들은 2010년대 초반 서울 아파트 가격 흐름과 전혀 다른 모습을 보여준다. 서울 아파트 가격이 심하게 조정받았던 2010년부터 2012년까지의 3년간 부산(30%), 울산(32%), 경상남도(30%)는 크게 상승했었다.

이후에도 꾸준히 우상향하던 부울경 아파트 시장은 지역경제에 문제가 발생하면서 2016~2017년부터 크게 하락하기 시작했다. 이 시점부터 2019년 3분기까지 부산(-11%), 울산(-22%), 경상남도(-23%)는 큰 하락을 경험했다. 2016년부터 2019년까지 서울이 급

부산시, 울산시, 경상남도 아파트 매매가격지수 추이(2006~2022년)

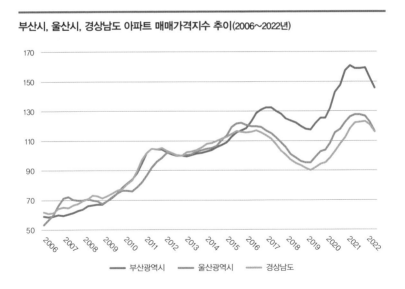

등하는 기간, 부울경은 다시 한 번 서울과 정반대의 길을 간 것이다.

특히 부산과 울산의 가격 하락은 그 폭도 중요하나, 가격이 어느 시점까지 회귀했느냐를 봐야 한다. 이 지역들의 2019년 7월 가격은 2010년 후반기 가격으로 돌아간 것이었다. 거의 10년 전 가격으로 회귀한 것인데, 만약 실질가격을 기준으로 한다면 가격은 훨씬 이전 수준으로 돌아갔다고 볼 수 있다.

부울경은 2019년 9월부터 바닥을 친 후, 2020년 이후 빠르게 상승하기 시작했다. 그런데 울산과 경상남도의 경우 2021년 고점 가격이 2016년 가격에 불과하다. 2010년대 후반 울산과 경상남도의 가격 하락 폭이 얼마나 컸는지를 알 수 있다. 부울경은 2021년 하락 시점이 다른 지역보다 빠른데, 2021년 중반부터 가격 하락이 시작되었다. 그리고 2023년 1월을 기점으로 부울경 모든 지역에서 가격 하락이 멈추고 반등했다. 다만 상승이라 판단하기에는 상승률이 매우 미미하다.

광역시인 부산과 울산의 입주 물량을 분석하면, 부산은 2010~2021년 평균 19,535세대, 울산은 6,463세대가 공급되었다. 부산은 2022년과 2023년에 평균보다 높은 수준의 가구가 공급되어 2023년 8월 현재 미분양이 이슈다. 반면 2024년부터는 공급량이 감소한다. 2024년 약 1만 4,000세대, 2025년 7,000세대로 공급량이 적다. 인천과 같이 2022~2023년 평년보다 많은 공급으로 미분양이 존재하나, 인천과 달리 부산은 2024년부터 공급량이 급감한다. 따라서 현재의

부산시 아파트 입주 물량 추이(2010~2025년)

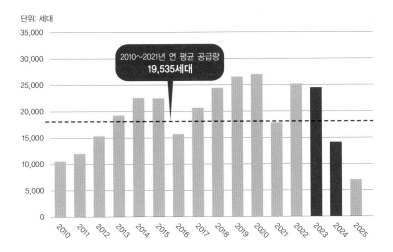

단위: 세대

2010~2021년 연 평균 공급량
19,535세대

미분양 물량이 일정 부분 해소된다면 (아주 안 좋은 악성 물량이 아닌 경우) 향후 공급 부족 이슈가 대두될 가능성도 있다. 울산의 입주 물량은 2022년 약 3,300세대, 2023년 약 8,700세대로 평균 수준으로 공급되었으나, 2024년(약 3,600세대)과 2025년(약 3,400세대)은 부산과 마찬가지로 공급량이 매우 적다.

부산시와 울산시를 포함한 기타 광역시의 미래를 입주 물량만으로 바라보는 것은 한계가 있다. 대부분의 광역시는 인구 자체가 감소하는 상황이며, 더 나아가 지역경제가 앞으로 활성화될 것인가도 매우 중요하기 때문이다. 2010년대 중반의 조선업 침체로 인한 것처럼 부울경 지역경제에 다시 타격이 일어난다면, 아무리 입주 물량

울산시 아파트 입주 물량 추이(2010~2025년)

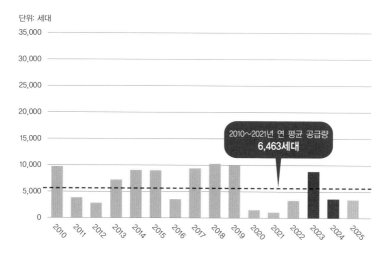

단위: 세대

2010~2021년 연 평균 공급량
6,463세대

이 줄어든다고 하더라도 부동산 시장은 침체를 경험할 수밖에 없다. 따라서 부산과 울산 지역경제가 성장하느냐 그리고 지역 시민의 실질소득이 증가하느냐가 관건이 될 것이다.

③대전·세종 시장

2010년 2월부터 대전과 세종의 흐름을 서울과 비교하며 살펴보자. 세종특별자치시는 2012년 7월 1일에 출범했기 때문에 2013년 이후 데이터를 활용해 분석했다.

광역시 역사가 세종시보다 긴 대전시의 지수를 보면, 2011년부터

대전시, 세종시, 서울시 아파트 매매가격지수 추이(2010~2023년)

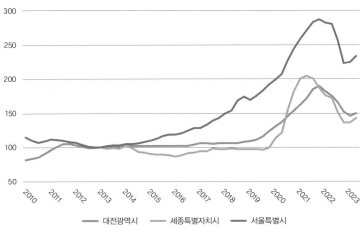

2019년까지 거의 일직선인 모습을 볼 수 있다. 명목가격 측면에서 아파트 가격이 정체된 것이다. 즉 실질가격으로 한다면 가격이 하락하는 지역이었고 어쩌면 매매보다는 전세로 살기 좋았던 도시일 수 있다. 2010년대 대전시 아파트 가격이 정체 상태였듯이, 세종시 가격 역시 장기간 지속적으로 정체된 모습을 보여줬다.

두 지역 모두 가격 상승이 본격화된 것은 2020년 이후였다. 세종시는 2020년 초반부터 2021년 6월까지 1년 반 동안 가격이 무려 90% 폭등했다. 이후 세종시 아파트 가격은 (다른 광역시보다 이른 시기인) 2021년 7월부터 급락하기 시작해 2023년 1월이 되어서야 하락이 멈췄다. 단기간 급등한 만큼 가격 하락도 매우 급해서 1년 반 동

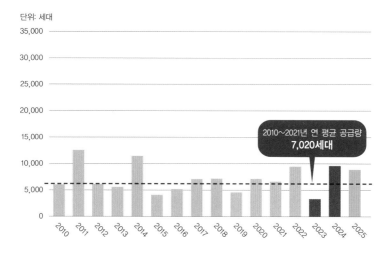

안 가격이 37% 폭락했다. 대전시는 세종시만큼 가격이 급등하지도 않았고 하락 폭도 작았다.

대전과 세종 역시 모두 2023년 1월을 기점으로 가격이 반등했다. 대전시의 2010년대 연간 평균 입주량은 7,000세대 정도이며, 2020년과 2023년 입주량은 어느 정도 평균 입주량에 도달하는 모습이다. 하지만 2024년(약 9,600세대)과 2025년(약 9,000세대)의 물량은 대략 3년 치 물량이 2년에 걸쳐서 시장에 출하되는 것이기에, 일정 부분 공급 충격이 존재할 가능성이 있다.

세종시는 계획도시로 건설된 만큼 2014~2019년 사이 상당량의 아파트가 공급되었다. 또한 계획도시로서 목표 가구와 인구 수준이 있기에, 향후에도 2010년대 수준의 물량(도시가 형성되어가는 초기 대규모 공급 물량)이 나올 수는 없다. 그럼에도 세종시가 주변 지역보다 더 나은 생활환경을 제공하면서 대전·충남권과 인근 청주·충북권의 인구를 끌어들이는 블랙홀 역할을 한다면, 아파트 개발 수요가 발생할 수밖에 없다.[5]

따라서 지난 10년간의 공급량 평균이 향후에도 이어질 것으로 보는 것은 무리이나, 앞으로 도시 성장과 그에 필요한 적정 공급량이 일어나는지는 지속적으로 살펴봐야 한다.

입주 물량 측면에서는 2024년 약 3,600세대, 2025년 약 1,000세대가 공급 예정이다. 2024년 물량이 얼마나 빠르게 흡수되며 가격에 영향을 주는지가 2025년 이후 세종시 가격 향방을 가를 것이다.

부동산 PLUS ⊕

2012년 7월에 설립된 세종특별자치시는 충청남도 연기군을 폐지하고, 충청북도 청원군과 충청남도 공주시의 일부를 흡수해 1개 읍, 9개 면, 3개 행정동(14의 법정동)으로 출범했다.

세종시의 인구는 약 30만 2,000명(2022년)이며 주민등록 세대수는 약 16만, 아파트 세대수는 약 12만 8,000이다. 전체 세대수 대비 아파트 세대수가 약 80%로 전국에서 아파트 비율이 가장 높은 지역이다. 2위 도시인 광주의 64%에 비해 16%p나 높다. 세종은 신규 계획도시인 만큼 아파트의 비율이 압도적으로 높음을 알 수 있다.

세종시 아파트 입주 물량 추이(2011~2025년)

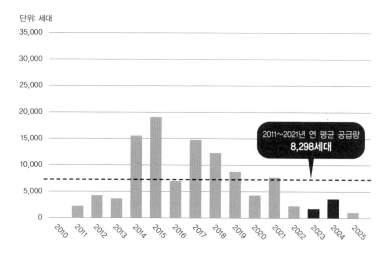

단위: 세대

2011~2021년 연 평균 공급량
8,298세대

④광주·대구 시장

전라남도 인근 대표 도시인 광주광역시와 경상북도 인근 대표 도시인 대구광역시의 흐름을 서울과 비교하며 살펴보자.

우선 대구와 광주는 지역적으로 멀리 떨어져 있음에도, 가격지수 움직임은 매우 비슷한 모양새를 띤다. 2015년까지는 두 지역의 가격이 상승했는데 2015년부터 2020년까지는 정체된 모습이다. 대구시는 2016년 약간의 조정을 받고 긴 정체기에 빠져들었다. 두 지역은 2020년 이후 가격이 다시 상승하기 시작했으나, 대구는 2021년 중반 그리고 광주는 2022년 말부터 가격이 하락하기 시작했다.

특히 대구의 급락세는 매우 가팔랐는데, 2023년 8월 가격은 2014

광주시, 대구시, 서울시 아파트 매매가격지수 추이(2010~2023년)

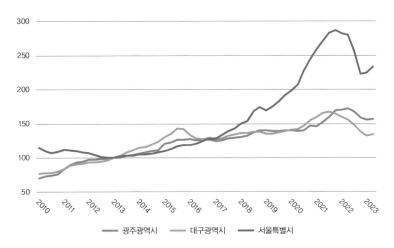

━ 광주광역시 ━ 대구광역시 ━ 서울특별시

년 수준으로 거의 10년 전 가격으로 회귀한 상황이다. 이는 대구시의 과잉공급으로 인한 미분양 물량의 적체[6] 그리고 이로 인한 가격 하방 압력으로 해석된다. 광주는 사정이 좋은 편으로 2022년 가격 하락 폭이 크지 않았으며 2023년 들어 가격이 바닥을 친 모습이다. 그러나 큰 반등을 보여주지는 못한 채 정체 상태다.

대구시는 2010년대에 매년 평균 1만 2,233세대가 공급되었다. 그런데 2022년과 2023년을 통틀어 공급된 물량은 약 5만 4,000세대에 달한다. 두 해에 4년 반치의 물량이 공급되었고, 2024년 물량(약 2만 1,000세대)도 만만치 않다. 시장에서 이 정도 규모의 과잉공급을 해소하는 데는 매우 긴 시간이 소요될 것으로 보이며, 대구 아파트

대구시 아파트 입주 물량 추이(2010~2025년)

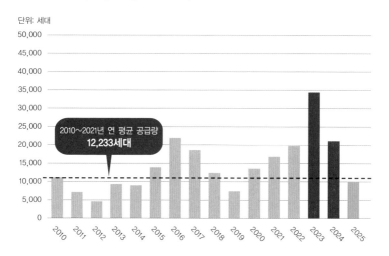

단위: 세대

2010~2021년 연 평균 공급량
12,233세대

광주시 아파트 입주 물량 추이(2010~2025년)

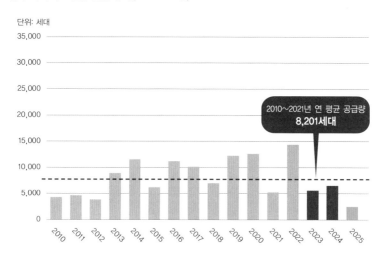

단위: 세대

2010~2021년 연 평균 공급량
8,201세대

시장은 상당 기간 횡보할 가능성이 크다.

　그에 비해 광주는 사정이 낫다. 광주시는 2010년대 매년 평균 8,201세대가 공급되었는데, 2022년 물량은 약 1만 4,000세대로 초과공급이 있었으나, 2023년 물량이 상당히 적다. 따라서 미분양과 관련한 이슈가 딱히 없다. 이후에도 2024년 약 6,500세대, 2025년 약 2,500세대로 향후 공급량이 지속적으로 감소한다. 지역경제가 받쳐주고 인구 유출이 심각하지 않다는 가정하에 광주시 아파트 시장 가격의 움직임은 지켜볼 필요가 있다.

부동산 PLUS

- 인천시와 대구시, 대전시는 지금도 초과공급으로 인한 미분양이 이슈이며, 향후에도 초과공급이 예정되어 있다.
- 세종시는 향후 공급 이슈는 없으나 도시가 계획대로 성장하는지가 관건이 될 것이다.
- 부산시와 울산시는 단기적으로는 미분양으로 고전할 수 있으나, 지역경제(조선업 등)가 다시 활성화되면 차별적인 모습을 보일 수 있다.
- 광주시는 지역경제와 인구 유출 속도 그리고 낮은 수준의 공급량 중 어떤 요소가 강하게 작용하느냐에 따라 아파트 시장의 미래가 결정될 것으로 보인다.

'신도시' 아파트
매매 시장 동향

일산과 파주시 모두 수도권 2010년대를 통틀어 가격이 정체 상황이었다. 대규모 개발 발생 가능성도 매우 높아 이 지역들은 향후 마포구와 괴리가 발생할 수 있다. 다만 GTX 연결 지역이라는 가격 프리미엄이 있으니 지켜볼 부분이다.

서울은 공간적으로 5개 구역으로 나눌 수 있다. 그중 서울 중심의 종로구와 중구는 아파트 물량이 많지 않아 다른 4개 권역의 가격 움직임이 중요하다. 각 권역에는 대장 구가 존재하며 대장 구의 움직임은 인근 신도시 가격에 영향을 준다. 각 권역별 대장 구와 인근 대표 신도시는 아래와 같다.

· 수도권 동남부: 강남구 — 성남시 분당구, 용인시 수지구
· 수도권 동북부: 노원구 — 의정부시, 남양주시
· 수도권 서북부: 마포구 — 고양시 일산동구·서구, 파주시
· 수도권 서남부: 양천구 — 안양시 동안구(평촌 신도시), 김포시

다음 페이지의 그림에서와 같이 사람들은 주로 살고 있는 곳의 인근 지역으로 이사하는 경향이 있다. 예를 들어 강서구에 거주하는 사람들은 인근의 김포시로, 노원구 거주자는 파주시로 이사를 가는 식이다. 강서구 거주자가 서울을 건너 남양주시로 이사를 가거나 강동구 거주자가 파주시로 갈 수는 있으나 일반적이지는 않다는 것이다. 이들이 이사를 인근으로 간다는 것은 인근 지역이 서로 영향을 주고받는 지역이며 같은 시장 권역으로 해석할 수 있다는 뜻이다.

서울시 5개 권역별 이주 방향

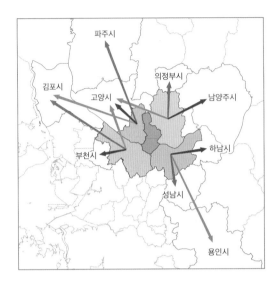

①수도권 동남부_강남, 분당, 수지

《부동산 트렌드 2023》에서 분석한 수도권 동남부의 인사이트는 다음과 같았다.

첫째, 강남구와 분당구, 수지구의 폭등 시작 시점이 다르다. 강남구는 서울시 전체(2017년 7월)보다도 15개월 빠른 2016년 4월부터 본격적인 폭등장*이 시작되었고, 분당구는 서울시 전체와 같이 2017

📍 Part2. '1) 전국 아파트 매매 시장 분석'에서 서울시 상승장 시작점을 2015년 8월로 잡은 것은 2010년 전후의 전고점에 도달한 시점을 기준으로 한 것이다. '폭등장'은 월별 상승률이 이전과 다르게 가파르게 움직인 시점을 기준으로 했다.

년 7월 상승이 시작되었다. 용인시 수지구는 좀 더 늦은 2018년 2월이 상승 시점이었다. 세 지역의 폭등 시작 시점은 다르나, 가격의 정점에 도달한 시기는 동일했다. 2021년 10월 세 지역 모두 정점을 찍고 2021년 11월 하락을 시작했으며 하락 폭은 매우 깊었다.

둘째, 상승 시작 시점이 다르나 하락 시점이 같은 경우, 누적 상승률에 차이가 나타날 수 있다. 실제로 2010년대 중반부터 2021년 10월까지 강남구의 누적 상승률이 가장 높았다. 따라서 어느 지역에 투자를 하느냐가 관건이 될 수 있다.

셋째, 분당구는 상승 시작 시점이 강남구보다 늦었으나, 누적 상승률에서는 두 지역이 비슷한 수치를 보여줬다. 분당구는 강남구의 대체재 역할을 한다고 볼 수 있다.

강남구, 분당구, 수지구 아파트 매매가격지수 추이(2010~2023년)

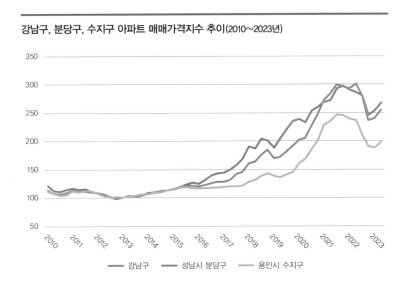

강남구, 분당구, 수지구의 폭등 시작 시점과 전고점, 전저점

	폭등 시작 시점	전고점(2020년 후)	전저점(2020년 후)
강남구	2016년 4월	2021년 10월	2022년 12월
성남시(분당구)	2017년 7월	2021년 10월	2022년 12월
용인시(수지구)	2018년 2월	2021년 10월	2022년 12월

2022년과 2023년 상황 역시 비슷하다. 세 지역 모두 동일 시점(2021년 11월)부터 가격 하락이 시작되어, 2022년 12월에 가장 낮은 가격을 보여줬다. 가격의 고점과 저점에 도달한 시기가 동일한 것이다. 이 기간의 하락 폭 역시 세 지역이 비슷했다.

다만 향후에도 세 지역이 동일한 방향으로 함께 움직일지는 미지수다. 용인시의 경우, 2013년 저점부터 2018년 1월까지 무려 5년간 가격이 횡보 상태였다. 강남구가 2016년 4월부터 폭등했음에도 용인시는 이후로 2년 가까이 가격이 잠잠한 상태였던 것이다. 더구나 분당이라는 계획도시와는 달리, 용인시는 자체 지역과 인근 여러 지역에 대규모 개발이 산발적으로 일어났던 상황 – 즉 언제라도 주변에 개발이 가능해 공급량이 발생할 수 있다는 점 – 이 강남구, 분당구와 다르다. 용인시가 살기 좋은 도시인 것과 별개로 부동산 가격 흐름상 강남구 가격 패턴과 상이하게 움직일 가능성을 배제할 수 없다.

②수도권 동북부_노원, 남양주, 의정부

《부동산 트렌드 2023》에서 분석한 수도권 동북부의 인사이트는 아래와 같았다.

첫째, 폭등 시작 시점에 시차가 존재한다. 노원구(2017년 6월)가 가장 빠르며, 남양주시와 의정부시는 2010년대 내내 정체 상황이었고 2020년에 들어서야 가격이 움직이기 시작했다. 노원구는 강남구보다 1년 이상 늦은 시점, 즉 서울시 전체가 폭등하는 시점에 같이 움직이기 시작했다. 강남구 폭등 시작 이후 한참 걸려서 폭등한 것으로 부동산 시장에서 시간 시차 이외에 공간 시차도 존재함을 알 수 있다.

둘째, 누적 상승률에서 남양주시와 의정부시는 노원구를 따라가지 못한다. 여기서 한 가지 재미있는 점은 누적 상승률 측면에서 2010년대 중반부터 2021년 10월까지를 보면, 노원구 아파트 가격이 강남구에 비해 상대적으로 저렴한 것은 맞지만 누적 상승률은 비슷한 수준이라는 것이다. 즉 서울 부동산 시장에서 한 지역이 폭등을 시작한다고 전 기간에 걸쳐서 지속적으로 폭등세가 이어지는 것이 아니라, 먼저 폭등한 지역의 가격이 후반으로 갈수록 상대적으로 상승률이 낮아질 수 있다. 그에 반해 폭등을 늦게 시작한 구에서 뒤늦게 더 빠른 상승률을 기록한다면 전 기간을 통틀어 누적 상승률이 비슷할 수 있다.

여기서 우리가 알 수 있는 일반적인 상식은 서울시 아파트 시장의

노원구, 남양주시, 의정부시의 폭등 시작 시점과 전고점, 전저점

	폭등 시작 시점	전고점(2020년 후)	전저점(2020년 후)
노원구	2017년 6월	2021년 10월	2022년 12월
남양주시	2020년 3월	2021년 11월	2022년 12월
의정부시	2020년 2월	2021년 11월	2022년 12월

경우, 부동산은 단기 투자(보유)가 아니라 장기 투자(보유)라는 관점에서 시장에 접근해야 한다는 점이다. 이 부분은 인구가 줄고 대기수요가 없는 지방 도시에는 적용되지 않는다.

 강남구의 영향을 받는 수도권 동남부의 가격 흐름과 마찬가지로 동북부의 노원구, 남양주시, 의정부시는 2021년 4분기에 가격이 고점에 도달했으며, 2022년 12월 저점을 찍었다. 이 지역들은 2023년 8월 현재까지 가격이 일부 상승 혹은 정체인 상황이다.

 남양주시와 의정부시는 같은 수도권 동북부라 하더라도, 노원구와 가격 흐름이 다를 가능성이 크다. 남양주시와 의정부시는 2010년대 전 기간에 걸쳐 가격이 움직이지 않았다. 거주 편의성은 매우 좋지만 가격은 인플레이션 정도만큼만 움직이는 정체된 지역이었다. 용인시 사례처럼 언제든지 인근에 대규모 개발로 아파트가 대량 공급될 가능성이 큰 지역이다. 따라서 2020년과 2021년 가격이 폭등한 것은 기준금리 0.5%대의 유동성 시장이 만들어낸 예외적인 결과일 수 있다.

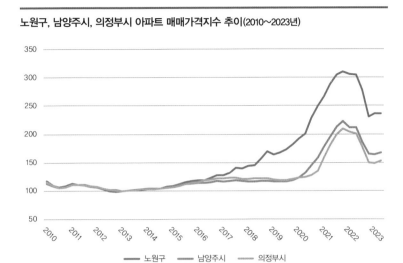

노원구, 남양주시, 의정부시 아파트 매매가격지수 추이(2010~2023년)

── 노원구　── 남양주시　── 의정부시

③수도권 서북부_마포, 일산, 파주

《부동산 트렌드 2023》에서 분석한 수도권 서북부의 인사이트는 다음과 같았다.

첫째, 폭등 시작 시점에 시차가 존재한다. 마포구는 서울시 전체와 같은 2017년 7월 폭등이 시작됐으나 일산은 2년 뒤, 파주는 3년 뒤 폭등이 시작되었다. 누적 상승률 측면에서도 일산과 파주시는 마포구를 따라갈 수 없었다.

둘째, 수도권 서북구 선도(leading) 아파트 지역의 변화다. 2010년대 중반까지는 일산이 수도권 서북부의 선도 아파트 시장이었으나

마포구, 일산, 파주시 아파트 매매가격지수 추이(2010~2023년)

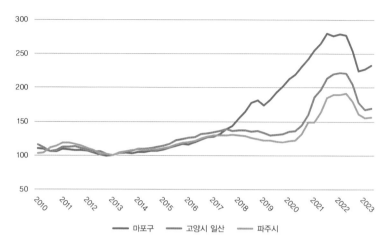

마포구, 고양시 일산동구·서구, 파주시의 폭등 시작 시점과 전고점, 전저점

	폭등 시작 시점	전고점(2020년 후)	전저점(2020년 후)
마포구	2017년 7월	2021년 10월	2022년 12월
고양시 일산동구·서구	2019년12월	2021년 11월	2022년 12월
파주시	2020년7월	2021년 10월	2022년 12월

마포구 아파트 재개발이 마무리되면서 2010년대 중반 이후, 서북부 선도 지역은 일산이 아닌 마포구가 되었다. 이는 가격 흐름에서도 나타나는데 일산과 파주 지역은 2017년부터 2019년까지 아파트 가격지수가 하락하는 모습을 보여줬다.

다른 수도권 권역과 마찬가지로 2020년 이후의 전고점과 전저점

도달 시기는 세 지역 모두 동일하다. 일산과 파주시 모두 수도권 동북부의 의정부시, 남양주시와 마찬가지로 2010년대를 통틀어 가격이 정체 상황이었다. 또한, 대규모 개발 발생 가능성도 매우 높아 이 지역들은 향후 마포구와 괴리가 발생할 수 있다. 다만 GTX 연결 지역이라는 가격 프리미엄이 있으니 지켜볼 부분이다.

④수도권 서남부_양천, 안양, 김포

《부동산 트렌드 2023》에서 분석한 수도권 서북부의 인사이트는 아래와 같았다.

첫째, 폭등 시작 시점에 차이가 있다. 중산층 단지 목동이 소재한 양천구는 강남구와 비슷한 시점(2016년 6월)에 폭등이 시작됐다. 제1기 신도시 평촌이 있는 안양시 동안구 역시 (분당구보다는 늦으나) 다른 신도시보다 빠른 2018년 8월 폭등이 시작되었다. 그에 반해 김포시는 서북부의 파주시와 비슷한 시점에 가격이 움직이기 시작했다.

둘째, 안양시 동안구는 상승 시작 시점이 늦으나, 누적 상승률에서는 양천구에 필적하는 모습을 보여줬다. 이 지역은 양천구의 대체재 역할을 일부 수행하는 것으로 판단된다.

2020년 이후의 흐름은 이전의 다른 지역과 동일하다. 2021년 4분

양천구, 김포시, 동안구 아파트 매매가격지수 추이(2010~2023년)

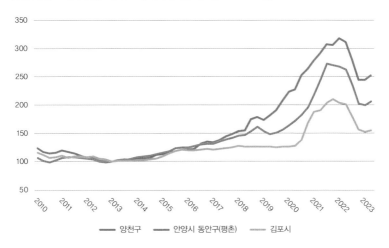

양천구 ―― 안양시 동안구(평촌) ―― 김포시

양천구, 안양시 동안구(평촌), 김포시의 폭등 시작 시점과 전고점, 전저점

	폭등 시작 시점	전고점(2020년 후)	전저점(2020년 후)
양천구	2016년 6월	2021년 10월	2022년 12월
안양시 동안구(평촌)	2018년 8월	2021년 10월	2023년 1월
김포시	2020년 7월	2021년 10월	2023년 1월

기 전고점을 찍고 2022년 12월 혹은 2023년 1월 바닥을 찍은 것이 확인되었다. 수도권 서남부에서는 향후 양천구의 가격 흐름을 안양시 동안구가 따라갈 가능성이 크나, 김포시는 차별적으로 움직일 것으로 보인다. 김포시는 서북부의 파주시, 동북부의 의정부시와 남양주시 등과 마찬가지로 2020년이 되어서야 가격이 상승세로 움직였다. 상승 시점도 2020년 7월로 늦다. 김포시가 2020년과 2021년 대

폭등을 이룬 것은 사실이나 이는 유동성으로 인한 예외적 상황이었을 수 있다. 9호선이라는 여의도와 강남 접근성이 좋은 황금노선이 존재하지만 '지옥철'로 표현되는 출퇴근 시간의 피로도와 정체 문제 그리고 인근 유휴지의 개발 가능성 등이 가격에 부정적 영향을 미칠 것이다.

부동산 PLUS ⊕

- 서울과 경기 시장의 분화 가능성을 이야기했듯이, 경기도 내 신도시의 가격 분화 가능성도 포착된다.
- 강남, 목동(양천구)과 같은 중산층 이상 거주지 인근의 신도시(분당, 평촌)는 2023년 1월 저점 이후 상승하는 듯 보이나 다른 신도시는 정체의 형상이다.

'서울시 구별' 아파트 매매 시장 동향

고가 지역 아파트는 상승을 보여주나 중저가는 정체의 모양새가 나타나고 있다. 중저가 아파트 시장의 경우 특례보금자리론의 영향으로 2023년 초 하락을 멈췄지만, 경기후퇴로 인해 서민층의 주택 매수 여력이 지속될지 단기적으로는 미지수다.

서울시 구별 아파트 세대수, 평당가 순위

2021년 기준, 서울시 아파트 세대수는 약 172만이며, 지역구별 평균세대는 약 6만 8,000세대이다. 아파트 세대가 가장 적은 구는 종로구로 1만 4,153세대(서울시의 0.82%)고, 가장 많은 세대는 강남구를 위시한 강남3구가 아닌, 강북의 노원구로 약 16만 세대에 이른다. 노원구 아파트 세대수는 거의 서울시 10%에 이르는 규모다.[7]

구별 아파트 평당가를 기준으로 분석하면, 부동산 상승기(2020년 5월부터 7월까지 3개월간) 1위는 강남구로 평당 5,116만 원이며, 최하위인 25위는 도봉구로 평당 1,642만 원이다.[8] 1위의 가격이 25위에 비

서울시 구별 아파트 세대수(2021년)　　　　　자료 출처_서울열린데이터광장

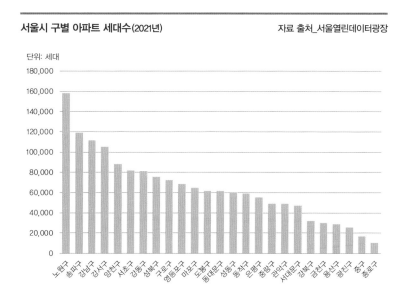

단위: 세대

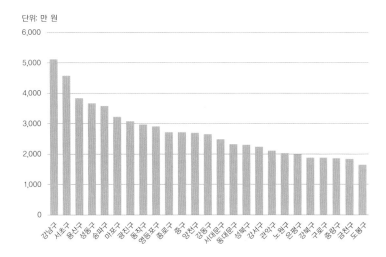

서울시 구별 아파트 평당가 　　　　　　　　　　　　　　　　　　　　자료 출처_부동산 랭킹

단위: 만 원

해 3배 이상 비싼 수준이다. 대표 지역을 내림차순으로 보자면 강남 구와 서초구는 각 1위, 2위로 상위권이며, 송파구와 강동구는 각 5위, 13위로 중상위권이다. 노도성의 노원구, 도봉구, 성북구는 각 19위, 25위, 16위로 중하위권임을 알 수 있다.

생활권 권역별로 분석하면 강남3구(강남구, 서초구, 송파구)에 약 33 만 세대(약 19.2%), 노도성(노원구, 도봉구, 성북구)에 약 30만 4,000세 대(약 18.1%)가 존재한다. 노원구가 단일 구로는 가장 큰 규모를 차 지하나, 고가 아파트 시장(강남3구)과 중저가 아파트 시장(노도성)으 로 구분하는 경우 고가 아파트 시장도 꽤 큰 규모를 차지하는 것을 알 수 있다. 고가 아파트 시장을 좀 더 세분화해 강남구와 서초구를

별도로 묶고, 송파구와 강동구를 별도 권역으로 분석하면 강남구·
서초구에 약 20.6만 세대(약 12.1%), 송파구·강동구에 약 20.9만 세
대(약 12.7%)가 분포한다.

강남구·서초구와 송파구·강동구 그리고 노원구·도봉구·성북구
까지 7개 구는 약 72만 세대(서울시 42%)가 거주하는 절대적 규모의
아파트 시장이다. 강남구·서초구·송파구·강동구 그리고 노원구·
도봉구·성북구는 각각 서울시를 대표하는 고가 아파트 시장과 중저
가 아파트 시장으로 구분 가능하며, 이들은 서울시를 대표하는 중요
시장으로 볼 수 있다.

강남4구(강남구, 서초구, 송파구, 강동구)_고가 아파트 시장

먼저 강남4구(강남구, 서초구, 송파구, 강동구)의 아파트 매매가격과
거래량의 움직임을 살펴보자. 거시적으로 볼 때 2006년부터 2023년
5월까지 4개 지역구는 비슷한 흐름을 보인다. 그러나 더 세부적으로
들어가면 코로나19 팬데믹 이후인 2020년 1분기부터 흐름이 둘로
나뉘는 현상이 나타난다. 2020년부터 강남구와 서초구가 비슷한 흐
름을, 또 송파구와 강동구가 비슷한 흐름을 보이기 시작한 것이다.

실제 지리적 특성도 강남구와 서초구가 그리고 송파구와 강동구
가 인접해 있으며, 고등학교 학군 역시 강남구와 서초구는 동일 학
군인 8학군, 송파구와 강동구는 6학군으로 묶여 있다. 따라서 강남

강남4구 지도

출처_해시넷

강남4구의 아파트 매매가격지수 추이(2006~2023년)

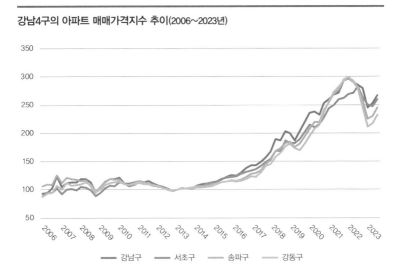

1975년에는 현재의 강남구, 서초구, 송파구, 강동구 일대가 하나의 지역구인 '강남구'였다. 1979년에 강남구의 탄천 동쪽 지역이 강동구로 분리되었고, 1988년에 서초구가 분리되고, 강동구에서 송파구가 분리되어 현재까지 이어오고 있다. 본래 '강남'은 한강 이남의 강서구, 영등포구, 동작구, 서초구, 강남구 등의 행정구역을 일컫는 말이지만, 강남3구(강남구, 서초구, 송파구)에 속하는 정치적, 경제적, 문화적 특성을 의미하는 것이라고 말하는 이들도 있다.

구·서초구와 송파구·강동구라는 세부 아파트 하위시장이 코로나 이후 분화할 개연성은 이미 갖춰진 상황이었다.

강남구·서초구 권역

강남구·서초구 권역은 큰 틀에서 상승 시점과 하락 시점이 매우 유사하다. 강남구와 서초구 모두 2021년 10월이 역대 가장 고점이었으며, 이는 2010년대 최저점이었던 2013년 1월 대비 각각 209%, 185% 상승한 것이었다. 이후 2022년 12월까지 2021년 10월 고점 대비 강남구는 26%, 서초구는 14% 하락해 서초구의 하락 폭이 강남구보다 작았다. 그러나 2021년까지의 강남구 누적 상승률이 서초구보다 높았기에, 상대적으로 더 많이 올랐던 강남구의 가격이 하락기에 더 많이 떨어진 것이라 볼 수 있다. 두 지역 모두 2023년 1월 바닥을 치고 다시 상승하는 모습을 보여주고 있다.

강남구, 서초구 아파트 매매가격지수 추이(2006~2023년)

강남구 ━━ 서초구

강남과 서초는 분기별 거래량의 흐름도 비슷하다. 전체적으로 강남구에 비해 서초구의 매매 거래량이 적은 편이긴 하나 그 흐름은 비슷하다. 강남구 거래량이 약 2,900건으로 급등한 2009년 2분기에 서초구도 약 2,500건의 거래량을 보였으며, 2010년 4분기에 강남구는 약 1,600건, 서초구는 약 1,300건, 2017년 2분기 강남구는 약 2,500건, 서초구는 약 1,800건으로 상승과 하락의 기조가 비슷했다.

2020~2021년 버블기를 제외한 2010년대 강남구의 분기별 거래량은 평균 1,326건, 최대는 3,265건, 최소는 272건이었으며, 서초구는 평균 997건, 최대 2,294건, 최소 152건이었다. 하지만 2022년 대폭락기 분기별 평균 거래량은 강남구 187건, 서초구 168건으로 강남구는 2010년대의 최소 수치에도 못 미쳤으며, 서초구는 최소 수

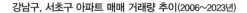

강남구, 서초구 아파트 매매 거래량 추이(2006~2023년)

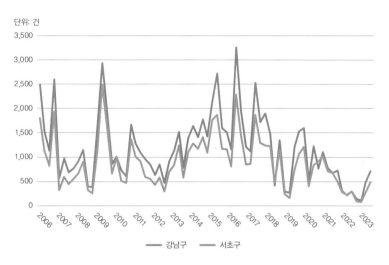

단위: 건

치와 비슷한 상황이었다. 2023년에 들어서는 거래량이 지속적으로 증가하고 있다.

송파·강동 권역

송파구·강동구 권역은 강남구·서초구 권역에 비해 전반적인 가격 흐름이 더 유사하다. 상승 시점과 하락 시점뿐 아니라, 누적 상승폭 등 다양한 부분에서의 유사성은 이 두 지역이 같이 움직이는 지역임을 상기시킨다. 예를 들어 전고점이라 할 수 있는 2021년 10월과 2010년대 최저점인 2013년 1월 사이 누적 상승률을 보면 송파구는 209% 상승, 강동구는 208% 상승으로 거의 일치한다. 2022년 대폭락기 강동구의 하락 폭은 고점 대비 −31%로 송파구의 −27%보

송파구, 강동구 아파트 매매가격지수 추이(2006~2023년)

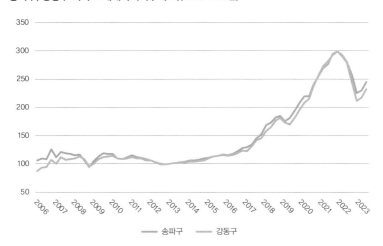

송파구, 강동구 아파트 매매 거래량 추이(2006~2023년)

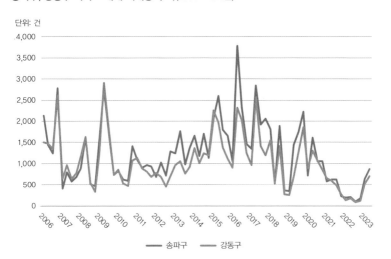

다 커 약간의 차이가 있다. 두 지역은 2023년 들어 반등하는 모양도 일치한다.

　송파구, 강동구 권역의 거래량은 매매가격과 마찬가지로 큰 틀에서 같이 움직이며, 거래량 자체의 수치도 매우 비슷하다. 2008년 1분기 하락 시점과 2015~2016년 거래량 폭발 시점도 동일하다. 비록 송파구와 강동구의 아파트 평당가에는 차이가 존재하나, 송파구와 강동구는 함께 움직이는 권역이라 볼 수 있다. 그렇다면 강남3구라는 기존의 서울시 하위시장 분류는 어쩌면 시대에 뒤처진 분류일 수 있다. 옛 강남구 지역(강남구, 서초구, 송파구, 강동구)은 분화하고 있다.

노도성(노원구, 도봉구, 성북구)_중저가 아파트 시장

　앞서 고가 아파트 시장인 강남4구(강남구, 서초구, 송파구, 강동구)의 아파트 시장 매매가격지수와 거래량의 움직임을 살펴보았다. 이번에는 서울시 중저가 아파트 시장의 대표주자라 할 수 있는 강북의 노도성(노원구, 도봉구, 성북구) 권역의 매매가격과 거래량의 움직임을 살펴보자. 노원구는 아파트 세대 규모와 거래량 측면에서 서울시에서 압도적 1등을 달리는 지역이다. 인근의 도봉구와 성북구 역시 아파트 세대 규모가 상당하다. 도봉구는 노원구와 같은 고등학교 학군(4학군)으로 같은 생활권으로 볼 수 있고, 성북구는 강북 최대 뉴타운인 길음 뉴타운의 상당수 아파트들이 위치한 곳이다.

필자는 노원구, 도봉구, 성북구 지역을 일컬어 '노도성'이라고 부른다. 혹자는 '노도강'이라고 해 성북구 대신 강북구를 묶어 부르기도 한다. 그러나 강북구는 지역의 서쪽 절반은 북한산 국립공원이 차지하고 있어 아파트 단지가 들어설 수 없을 뿐 아니라 아파트 세대수가 약 3만 4,000에 불과할 정도로 적다.

또한 성북구에는 강북에서 가장 큰 뉴타운인 길음뉴타운이 있다. 따라서 아파트 세대수가 매우 적은 강북구 대신 성북구를 포함한 '노도성' 지역이 중저가 아파트 시장 권역으로 더욱 적합하다고 본다.

노도성 아파트 매매가격 추이를 보면, 지역들이 비슷한 흐름을 보이는 것을 알 수 있다. 다만 노원구 가격이 누적 상승률이 가장 크며 (2013년 1월부터 2021년 10월까지 217% 상승), 같은 학군인 도봉구(동기간 195% 상승)가 그다음이다. 그에 비해 성북구의 상승 폭은 172%로 상대적으로 낮다. 그럼에도 상승 시작 시점과 하락 시작 시점은 대동소이하다. 2022년 대폭락기 세 지역의 하락률은 서초구와 강남구보다 높은 27~28%에 이른다. 2023년 들어 하락세를 탈출한 것은 강남구·서초구 권역, 송파구·강동구 권역과 동일하나, 노원구와 도봉구의 경우 상승 후 하락 혹은 정체의 모습을 보이는 것이 다르다.

특례보금자리론(9억 원 이하 아파트에 대한 특혜 대출)이 단기적으로 큰 영향을 미쳤지만, 상대적으로 서민 밀집 지역이기에 경기 후퇴의 영향이 부동산 시장에 나타나고 있는 것으로 보인다. 또한 간접적으

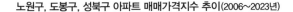

노원구, 도봉구, 성북구 아파트 매매가격지수 추이(2006~2023년)

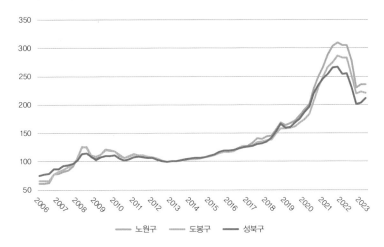

노원구 ── 도봉구 ── 성북구

로 공사비 인상과 3기 신도시의 영향도 있을 것이다. 그 이유는 공사비 인상으로 재건축의 수익성이 악화되어 재건축 연한이 도래한 아파트가 많은 노원구, 도봉구보다는 상대적으로 도심과의 물리적 거리가 가깝고 뉴타운 사업 등으로 신축, 준신축 아파트가 많은 성북구의 반등세가 다소 높은 것으로 나타났기 때문이다. 또한 노원구와 인접한 남양주 왕숙 신도시(1, 2지구)에 3기 신도시 중 두 번째로 많은 물량(약 66,000세대)이 공급될 것으로 기대되는 것도 간접적인 영향이 있을 것이다.

노도성 지역의 아파트 매매 거래량 흐름은 전반적으로 비슷한 추세를 보이고 있다. 앞서 언급했듯 노원구는 서울시에서 아파트가 가장 많은 지역으로 약 15만 9,700세대(서울의 9.4%)가 존재하며, 도봉구와 성북구는 각 6만 5,000세대(3.79%), 7만 9,600세대(4.64%) 정도로 노원구와 최소 2배 이상 차이가 난다. 따라서 도봉구나 성북구보다는 노원구의 거래량이 훨씬 많다. 그럼에도 거래량의 상승, 하락 기조는 비슷하다.

부동산 하락기였던 2022년 분기별 거래량 평균은 대략 노원구 235건, 도봉구 119건, 성북구 150건 수준이었다. 이는 부동산 활황기인 2020~2021년 분기별 거래량 평균(노원구 약 1,700건, 도봉구 약 860건, 성북구 880건)의 13~17% 수준으로 급감한 것이다. 하지만 이 지역도 2023년 1분기부터 거래량이 반등하고 있다.

노원구, 도봉구, 성북구 아파트 매매 거래량 추이(2006~2023년)

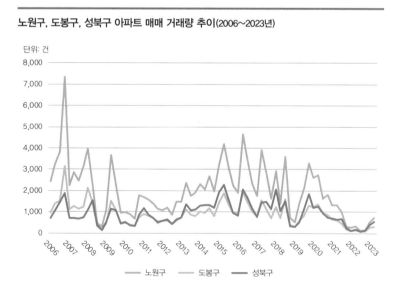

고가 VS 중저가 아파트 시장의 차이점

서울시의 고가 아파트 밀집 지역이라고 할 수 있는 강남구, 서초구, 송파구, 강동구 그리고 중저가 아파트 밀집 지역인 노원구, 도봉구, 성북구의 7개구에는 대략 72만 세대의 아파트가 존재하며 이는 서울시 전체의 42%에 이른다. 따라서 강남4구로 대표되는 고가 아파트 시장과 노도성으로 대표되는 중저가 아파트 시장의 분석은 서울시 전체 트렌드를 이해하는 데 큰 도움이 된다. 이 두 시장을 분석한 결과 다음과 같은 인사이트를 얻을 수 있었다.

첫째, 고가 아파트 시장의 분화

결론적으로 송파구·강동구 권역은 매매가격과 거래량 측면에서 거의 동일하게 움직이는 패턴이 포착된다. 구 이름이 다를 뿐, 단일 시장으로 보아도 큰 차이가 없다. 또한 이 지역에서 하락이 시작되었을 때 강남구와 서초구까지 하락이 전달되지 않았다. 서초구의 경우 2021년 10월 고점 대비 하락 폭이 14%에 불과했다. 고가 아파트 시장은 강남구·서초구 권역(제1권역)과 송파구·강동구 권역(제2권역)으로 분화가 진행 중이다.

둘째, 중저가 아파트 시장의 분화 가능성

고가 아파트 시장이 강남구·서초구 권역과 송파구·강동구 권역으로 분화 가능성이 보이듯, 노도성 지역에서도 노원구와 성북구의 분화 가능성이 나타나고 있다.

2013년부터 2021년까지의 누적 상승률을 보면 노원구 217%, 성북구 172%로 그 차이가 상당하다. 여기에는 노원구가 1기 신도시와 비슷하거나 다소 이른 시기에 도시계획적으로 거대한 신도시 형태로 개발된 영향이 있다. 재건축 이슈 및 강남과의 접근성을 개선하는 광역교통망계획(GTX-C)이 2020~2021년 가격 상승에 큰 효과를 발휘했기 때문이다. 그러나 공사비가 인상되고 부동산 시장이 조정되는 현시점에서는 도심과의 물리적 거리가 가깝고 상대적으로 신축, 준신축 아파트 비중이 높은 성북구의 반등세가 더 높게 나타난 점도 흥미롭다. 이와 맞물려 약 66,000세대가 공급되는 왕숙 신도시 물량이 노후화된 아파트가 많은 인근 노원구, 도봉구에 어떠한 영향을 미칠지도 관전 포인트이다. 향후 중저가 아파트 시장의 분화 가능성은 지켜볼 이슈다.

셋째, 2024년 추이의 불확실성

2023년 들어서 고가와 중저가 지역 모두 가격 하락은 멈췄다. 그럼에도 두 지역의 패턴에 차이가 나타나고 있다. 고가 지역 아파트는 상승을 보여주나, 중저가 아파트는 정체의 흐름세를 보이고 있다. 중저가 아파트 시장의 경우 특례보금자리론의 영향으로 2023년 초 하락을 멈췄지만, 경기 후퇴로 인해 서민층의 주택 매수 여력이 지속될지 단기적으로는 미지수다.

한편 강남권의 주택 수요는 갭투자의 영향이라기보다는 갈아타기 수요가 많다. 전세가격이 큰 폭으로 하락해 갭투자가 원천적으로 힘든 상황이 되었기 때문이다. 따라서 갈아타기 수요가 2023년 후반과 2024년에 얼마나 지속될지를 주의 깊게 봐야 한다.

Part

3

2024년 부동산 투자
빅이슈 TOP 6

솔직한 거래량

_"최소한 바닥은 벗어났다"

정책 효과와 금융환경 개선으로 일부 계층(부동산 수요층)의 부동산 시장에 대한 인식만이 아니라 많은 계층에서 시장 자체에 대한 인식이 바뀌었다. 이러한 거래량 증가는 단순히 서울에만 국한되는 것이 아니며 모든 광역시에서 나타나고 있다.

-83% 거래 절벽을 지나서

2022년 아파트 시장의 특징 중 하나는 '거래 절벽'이었다. 거래 절벽의 수준은 처참했다. 2010년 1월부터 2023년 6월까지 분기별 거래량을 분석하면, 2022년 3분기(송파구·강동구, 노원구·도봉구·성북구, 경기도)와 4분기(강남구·서초구)가 역대 최저 수준의 거래량을 보여줬다. 그 이전 거래가 가장 활발하게 발생했던 분기는 서울 모든 지역에서 2016년 2분기였다. 당시 거래량은 평균에 비해 2~3배에 이르는 물량이었다.

부동산 버블기였던 2020년과 2021년을 제외하고 각 권역별 거래량을 살펴보면, 서울시 전체의 2010년대 분기별 거래량 평균은

2010년 이후 분기별 매매 거래량

(단위: 건)	2010년 이후 분기별 매매 거래량			2022년 분기별 평균 매매 거래량 (2010년대 평균 대비 변동률)
	최솟값	평균값	최댓값	
서울시 전체	2,017 (2022년 2분기)	18,152	47,865 (2016년 2분기)	3,093(-83%)
강남구·서초구	185 (2022년 4분기)	1,989	5,559 (2016년 2분기)	356(-82%)
송파구·강동구	196 (2022년 3분기)	2,201	6,105 (2016년 2분기)	309(-86%)
노원구· 도봉구·성북구	306 (2022년 3분기)	3,545	8,646 (2016년 2분기)	452(-87%)
경기도	8,703 (2022년 3분기)	38,460	74,646 (2015년 2분기)	12,148(-68%)

18,152건인 반면, 2022년은 3,093건으로 전체 평균 대비 83% 감소한 수치였다. 경기도 역시 2010년내 분기별 거래 평균 38,460건이었으나, 2022년 거래량은 12,148건으로 3분의 1 수준에 불과했다.

거래량 감소는 강남구·서초구 그리고 송파구·강동구 같은 부유층 밀집 지역과 노도성과 같은 서민 밀집 지역 모두에서 발생했으며, 노도성 지역의 거래 절벽이 강남구·서초구에 비해 더욱 심각했다.

그런데 2023년에 들어서며 거래량이 빠르게 증가하기 시작했다. 2023년 1분기 서울 전체 거래량은 7,042건으로 이는 2022년 4분기(2,234건) 대비 3배 이상 증가한 수치였다. 이런 현상은 전 지역에서 나타났는데, 강남구·서초구는 2022년 4분기 두 지역에서 겨우 185건 거래되었으나, 2023년 1분기 739건이 거래되면서 거래량이 4배 증가했고, 송파구·강동구도 같은 시기 309건에서 1,156건으로 3.7배 늘어났다. 노도성(350건에서 1,198건)은 3.4배, 경기도(9,291건에서 23,359건)는 2.5배로 상승했다. 2023년 상반기에 기록한 거래량은

아파트 매매 거래량 추이(2022~2023년)

(단위: 건)	2022년 1분기	2022년 2분기	2022년 3분기	2022년 4분기	2023년 1분기	2023년 2분기
서울시 전체	3,402	4,717	2,017	2,234	7,042	8,960
강남구·서초구	433	576	230	185	739	934
송파구·강동구	335	397	196	309	1,156	1,337
노원구·도봉구·성북구	508	642	306	350	1,198	1,338
경기도	13,531	17,067	8,703	9,291	23,359	26,112

과거 2019년 1분기에 기록했던 거래량과 같은 수준이다.

수도권 아파트 매매 거래량 추이(2022~2023년)

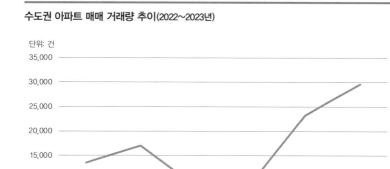

단위: 건

(서울시, 경기도)

서울시 아파트 매매 거래량 추이(2022~2023년)

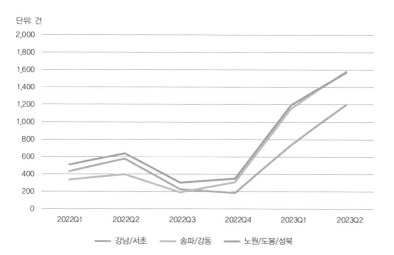

단위: 건

(강남/서초, 송파/강동, 노원/도봉/성북)

2023년 거래량 회복의 3가지 원인

2023년 들어서 거래량이 증가하고 있는 원인은 크게 3가지로 추론된다.

첫째, '특례보금자리론'의 정책 효과다. 2023년 1월에 나온 특례보금자리론은 기존의 일반형 안심전환대출, 적격대출, 보금자리론 상품을 통합해 한시적으로 운영하는 대출 상품으로 대출 가능 한도와 주택 금액을 완화하여 적용한 것이 특징이다. 주택 가격과 대출 한도는 아래 표와 같다.

기존 주택담보대출 금리가 4.86~6.89%(변동금리 6개월, 2023년 2월 기준)였던 점을 고려하면, 특례보금자리론은 역마진이 발생하는 특혜 금리였다. 기존 대출 대환뿐 아니라, 신규 아파트 매입에 특혜 금리를 제공함으로써 정부가 집값 하방을 막겠다는 의지를 보여주는

특례보금자리론 시행 방향　　출처_뱅크샐러드(《매일경제》 이선희 기자), 한국주택금융공사

상품	기존			개편
	우대형 안심전환대출 (일반형)	보금자리론	적격대출	특례보금자리론
주택 가격	6억 원	6억 원	9억 원	9억 원
대출 한도	3.6억 원	3.6억 원	5억 원	5억 원
소득 한도	1억 원	7,000만 원	없음	없음
금리	3.8~4.0%	4.25~4.55%	4.55~6.91%	단일금리 산정체계 (+우대금리 적용)

것이기도 했다. 특례보금자리론이 9억 원 이하 주택에 제공된 대출 상품인 만큼, 서울시 전체에서 9억 원 이하 주택의 거래량이 빠르게 증가했다.

  서울시 9억 원 미만 아파트의 거래량은 2022년 3분기에 1,276건을 기록했다. 2022년 4분기에 1,477건으로 소폭 상승했고, 2023년 1분기에 들어서는 4,021건으로 회복했다. 2023년 1분기에 기록한 서울시 9억 원 미만 아파트 거래량 4,021건은 2022년 4분기 대비 172% 상승한 수치다. 이는 2023년 1분기 거래량이 2010년대 평균보다 낮은 수준임에도 불구하고, 직전 2022년 4분기의 거래량이 워낙 낮은 수치였기에 3배 가까이 상승한 것으로 해석할 수 있다.

서울시 9억 원 미만 아파트 거래량

	2022년 3분기	2022년 4분기	2023년 1분기	2023년 2분기
9억 원 미만	1,276	1,477	4,021 (직전 분기 대비 172% 상승)	5,484
전체	2,017	2,234	7,042	10,721

  다음 페이지의 표와 그래프는 노도성 지역의 9억 원 미만 아파트 거래량을 나타낸 것이다. 노도성 지역의 9억 원 미만 아파트 거래량은 2022년 3분기에 262건을 기록했다. 이 지역 역시 2022년 4분기에 거래량이 315건으로 소폭 상승했고, 2023년 1분기 들어서는

노원구·도봉구·성북구 지역 9억 원 미만 아파트 거래량

	2022년 3분기	2022년 4분기	2023년 1분기	2023년 2분기
9억 원 미만	262	315	1,105 (직전 분기 대비 250% 상승)	1,384
전체	306	350	1,198	1,572

노원구·도봉구·성북구 가격대별 아파트 거래량 추이(2017~2023년)

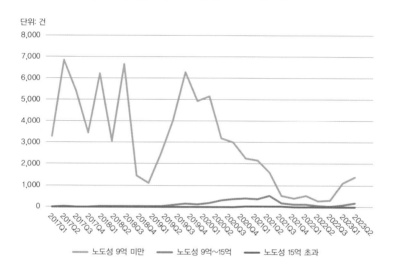

1,105건에 육박했다. 이는 직전 분기인 2022년 4분기 대비 250% 상승한 수치다. 노도성 지역도 마찬가지로 2023년 1분기의 거래량이 2010년대의 평균보다 낮은 수준임에도 불구하고, 이전 분기의 거래량이 워낙 낮은 수치였던 만큼 3배 넘게 상승한 것으로 분석되었다.

둘째, 주택담보대출(신규) 금리가 2022년 10월부터 급격하게 낮아지면서 주택 수요를 자극하기 시작했다. 이어질 '이슈2'에서 자세히 설명하겠으나, 2022년 내내 빠르게 인상된 기준금리와 달리 주택담보대출 금리는 2022년 11월(5.31%, 변동형)♀을 기점으로 하락 반전하기 시작했다. 그리고 2023년 5월, 4.39%에 이르며 불과 6개월 사이에 92bps가 하락하는 상황이 발생했다. 하락한 주택담보대출 금리는 주택 수요를 충분히 자극하며 2023년 상반기에 거래량 상승을 빠르게 견인했다.

셋째, 갈아타기 수요의 등장이다. 만약 9억 원 미만 아파트의 거래량은 증가하는데, 9억 원 이상 아파트 거래량이 정체 혹은 감소한다면 이는 오롯이 특례보금자리론 정책 효과만이 존재했다고 주장할 수 있을 것이다. 그런데 실제로는 9억 원 이상의 아파트 거래량도 빠르게 증가했다. 특히 강남구에서는 15억 원 이상 아파트 거래량도 큰 폭으로 상승했다. 2022년 4분기 68건에 불과했던 15억 원 이상 아파트 거래량은 2023년 1분기 310건, 2분기 538건으로 폭증했다. 15억 원 이상 아파트에도 주택담보대출이 풀린 여파로 볼 수 있으나, 그럼에도 15억 원 이상이라는 고가 아파트에서 거래량이 한 분기 만에 68건에서 310건으로 356% 폭증했다는 것은 고가 주택 참여자들(부유층)이 시장을 바라보는 인식이 바뀌었음을 의미한다.

♀ 예금은행 대출금리(신규취급액 기준), 한국은행 경제통계시스템(ECOS)

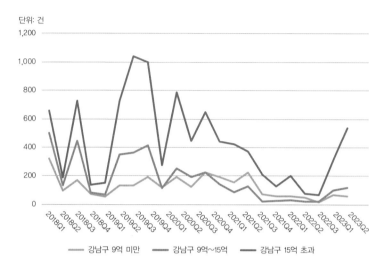

단위: 건

| | 강남구 9억 미만 | 강남구 9억~15억 | 강남구 15억 초과 |

우리가 여기서 알 수 있는 바는 정책 효과와 금융환경 개선으로 일부 계층(부동산 수요층)의 부동산 시장에 대한 인식만이 아니라, 많은 계층에서 시장 자체에 대한 인식이 바뀌었다는 점이다. 즉 단순히 중저가 아파트에 거주하려는 사람만이 아니라, 본인 여건이 된다면 15억 원 이상 아파트도 매입하는 사람들이 증가했다는 점이다. 이러한 거래량 증가는 서울에만 국한되는 것이 아니며 모든 광역시에서 나타나고 있다.

'갈아타기' 수요자의 귀환

다만 우리가 여기서 질문해야 할 부분은 '어떤 사람들이 아파트를 매입하고 있느냐'다. 아파트를 매입하는 사람들은 크게 두 부류로 구분된다. 첫째는 '실거주자'로 매입 후 해당 아파트에 거주하려는 수요이고, 둘째는 '갭투자'로 일컬어지는 투자 수요이다. 이 갭투자자들은 기본적으로 전세가격과 매매가격의 차이가 줄어들 때 투자가 가능하다. 그런데 현재 전세가격이 빠르게 하락하고 있다.

다음 페이지의 기사는 서울 강남 아파트 전세가 하락이 장기화되며 강남의 아파트 전세가율이 40%대까지 떨어졌다는 내용이다. 강남에 쏟아진 대규모 입주 물량이 전세가격의 빠른 하락세의 원인으로 꼽히고 있는 상황이다. 후술하겠으나 전세가격은 '입주 물량'과 바로 연결된다. 이렇게 전세가격이 하락하는 상황이라면 갭투자는 매우 힘들다. 그리고 이는 강남 지역 부동산 중개인들이 공통적으로 이야기하는 바이다.

"지금 우리 동네(서초동) 아파트를 매입하는 사람들은 전세를 끼고 아파트를 사려는 사람들이 아닙니다. 대부분이 같은 단지에 살던 사람들이에요. 이 분들은 해당 단지에 오랜 기간 거주했기 때문에 가격이 어떻게 움직이고 이 가격이 언제 가격인지를 잘 압니다. 외부에서 보았을 때 높은 가격으로 보일 수 있지만, 사실 이 가격이 적정하다고 보고 들어가는 겁니다. 이분들은 갭투자가 아니고요. 갈아타기 하는 분들이에요."

_부동산 투자자 이OO 인터뷰, 2023.06.30.

강남 아파트 전세가의 하락　　　　　　　　　출처_⟨경향신문⟩, 2023.06.25.

6,700세대 '입주폭탄' 눈앞…지금이 강남 '전세 갈아타기' 기회?

사진 출처_개포 디에이치퍼스티어아이파크 홈페이지

"강남 맷가(매맷가)는 어느 정도 회복했는데 전세가 '고공행진'은 당분간 힘들
다고 봐야죠. 계속 물량이 쏟아지니까…. 개포 자이프레지던스도 조금 비싸게
내놓은 집은 몇 달이 지나도 보러 오는 사람도 없어요." (개포동 A공인중개사)

서울 강남 아파트 전세가 하락세가 장기화하면서 강남의 아파트 전세가율
(매매가격 대비 전세보증금 비율)이 40%대까지 떨어진 것으로 나타났다. 대규모
입주 물량이 쏟아지면서 전세가격 하락을 주도하고 있는 것으로 풀이된다.

그럼 갈아타기 수요에 대해 조금 더 살펴보자. 사람들을 일반적으로 거주지를 다른 곳으로 옮기기까지 대략 7.5년(수도권은 6년)을 소요한다고 한다.[9] 이 수치는 자가와 임차 가구의 평균 거주 기간을 고려하기에, 서울시 아파트 자가 소유자의 보유 기간과 정확히 일치한다고 볼 수는 없다. 그럼에도 6~7.5년 정도의 보유 후, 다른 아파트로 갈아타려는 수요가 충분히 존재할 수 있음을 보여주는 한 근거다. 2024년 아파트 시장 분석에 있어서의 갈아타기 수요는 아마도 2015~2017년에 아파트를 매매했던 가구일 것이다. 2010년대 중반은 정확하게 부동산 상승기가 시작하는 무렵이다.

그런데 이 시기의 매입 가구가 아직은 적극적으로 아파트 시장에 나타난 것 같지 않다. 예를 들어 2015년에 아파트를 매입한 사람은 7년 후인 2022년, 기존 아파트를 매각하고 새로운 아파트를 매입할 수 있다. 하지만 공교롭게도 2022년은 아파트 거래 급감기로 시장 자체가 안 좋다는 인식이 팽배했고 거래량이 역대급으로 낮았다. 갈아타기 수요마저도 시장 참여에 적극적이지 않았던 상황이다.

시장 인식이 바뀌었다면 2015년과 2016년 매입했던 사람들이 아파트 시장에 참여할 가능성이 커진다. 그럼 중요한 부분은 도대체 2015~2017년 사이 아파트 거래량이 어느 정도 물량이며, 이 물량이 시장에 나올 때 어떤 충격이 있을 것인지다. 수치상 2015~2017년 아파트 거래량은 어마어마했다. 2010년대를 통틀어 가장 많다.

2015년 거래량은 국토부 실거래가 데이터가 공개된 이래(2006년) 가장 많다. 무려 약 13만 세대에 달하며, 2016년(약 12만 3,000세대)과

서울시 아파트 매매 거래량 추이(2006~2023년)

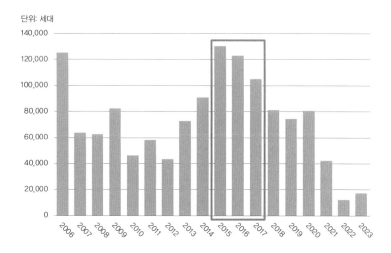

단위: 세대

2017년(약 10만 5,000세대) 역시 상당한 거래 수준을 보여준다. 2010년대 연 평균 거래량이 약 8만 2,000세대였는데, 2010년대 중반 3년간 거래량의 합은 약 36만 세대로 어마어마한 수치다. 2022년 거래량이 불과 1만 2,000세대임을 상기하면, 36만 세대라는 규모가 얼마나 대단한지 체감할 수 있다.

여기서 더 중요한 부분은 2015~2017년에 아파트를 매입한 사람들의 '가격 수준'이다. 아무리 2022년 아파트 가격이 급락했다 한들, 이들이 아파트를 매입한 가격보다는 여전히 높다. 최근의 폭락에도 불구하고 이들은 현재 대비 매우 낮은 가격에 아파트를 매입했기 때문에 여전히 큰 양도차익을 거둔다는 것이다. 이들은 2020년과 2021년 버블기에 아파트를 매입해 지금 자산 가격이 떨어진 사람들도 아니며, 2018년과 2019년에 참여해 현재보다 가격이 약간 낮은 상황에 매입한 사람들도 아니다. 2015~2017년 구매자는 이미 엄청난 양도차익이 발생했다. 양도세금마저도 큰 의미가 없다면 갈아타기에 나설 수 있는 충분한 조건이 있는 사람들이다. 따라서 향후 아파트 수요가 없을 것이라고 보기에는 2015~2017년 아파트를 매입한 36만 세대가 결코 작은 수치가 아니다.

Information ────────────────────────

강남권 입주 폭탄과 전세가격의 미래

입주 물량 폭탄이 특정 시점에 나타나는 경우, 이는 전세가격에 매우 즉각적으로 영향을 미친다. 대표적인 예가 2008년 잠실 엘리트(엘스 · 리센츠 · 트리지움, 약 1만 5,000세대) 입주가 시작되었을 때와 2018년 4분기 1만 세대의 헬리오시티 입주 때다.

송파구 가락동에 위치한 헬리오시티의 2018년 4분기 입주(사용승인일: 2018년 12월 28일) 당시의 서울시 전세가격지수를 살펴보면, 입주를 시작한 2018년 4분기부터 2019년 1분기까지 송파구의 전세가격지수는 3.45% 하락했다. 단순히 송파구뿐 아니라, 인접한 강남구와 강동구, 서초구마저도 전세가격지수가 하락했다.

지금도 강남권에 1만 세대 아파트가 입주하면 강남권과 인근 지역에 큰 영향을 주리라는 추론이 가능하다. 특히 2024년 1분기 개포동 디에

강남4구 아파트 전세가격지수 추이(2011~2023년)

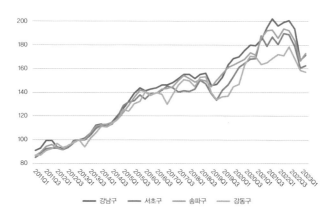

이치퍼스티어아이파크(6,702세대)가 한 번에 시장에 나오면 강남권 전세가격의 하방 압력은 더욱 세질 수 있다.

다만 2024년과 2025년 서울 전체 입주 물량이 지나치게 적다. 서울시 전체 입주 물량이 많은 가운데 강남권 입주 물량까지 많다면, 전세가격 하방 압력이 장기간에 걸쳐서 서울 전역에 영향을 끼칠 수 있다. 그러나 2024년 서울 전체 입주 물량(약 1만 4,800세대) 중 상당 부분을 개포동 디에이치퍼스티어아이파크(6,702세대)가 차지하며, 강남구 외 서울 전역 물량은 8,000세대 수준에 불과하다. 2025년 역시 강동구 둔촌주공아파트 재개발 물량(약 1만 2,000세대)을 빼면 서울 물량은 약 5,000세대에 불과하다. 강남권 입주 폭탄은 강남과 일부 지역 전세가격을 단기적(6~9개월)으로 하락시킬 것이다. 그러나 장기적으로 보다 무게를 둬야 할 부분은 서울 전체 입주 물량 부족과 이로 인한 전세가격 상승 가능성이다.

헬리오시티 입주 당시 전세가격 하락을 보여주는 기사   출처_〈매일일보〉, 2019.01.07.

송파 헬리오시티, 입주 본격화에 전셋값 '뚝뚝'

사진 출처_연합뉴스

총 9,510가구 규모의 미니신도시급 아파트 '헬리오시티'의 입주가 시작되면서 연초 강남 전세시장이 출렁거리고 있다. 세입자를 구하지 못한 집주인들이 급매물을 내놓으면서 전셋값이 폭락하고 있는 것. 업계 안팎에선 10년 전 잠실 일대에서 나타난 역전세난이 재현될 것으로 내다보고 있다. (중략)

헬리오시티 전세매물 호가는 지난해 10월만 해도 높은 가격을 유지했으나 11월 사전점검 이후로 호가가 꺾이더니 지난달 31일부터 저가 전세 물건이 늘기 시작했다.

이에 매매가격 대비 전세가격(전세가율) 비율도 40%대가 무너진 모습이다. 인근 공인중개업소 매물 정보에 따르면 헬리오시티의 전세가율은 39%로 송파구 전체 평균인 50%를 크게 밑돌고 있다. 서울 아파트 전세가율은 60%다.

국고채 10년물 금리

_시장의 향방을 알려줄 황금 지표

금융 부분에서 앞으로 주시해야 할 것은 기준금리보다는 국고채 10년물 금리의 흐름이다. 국고채 10년물 금리가 다시 상승하기 시작한다면 서울 부동산 역시 다시 조정받을 수 있으며 현재 수준에서 국고채 10년물 금리가 횡보한다면 부동산 가격은 정체가 나타날 수 있다.

2022년 대한민국 부동산 시장을 대변했던 키워드는 '폭락'이었다. 2023년 부동산 시장 역시 비관적 전망이 많았으나 예상과 달리 일부 서울 아파트 가격은 연초 대비 상승했다. 부동산 시장이 예상과 다른 모습을 보이는 것과 별개로, 우리나라 경제상황은 전혀 녹록지 않다. 26년 만의 최장기 무역적자가 나타나면서 2022년 10월부터 2023년 4월까지 7개월 연속 수출 감소세가 이어졌다. 삼성전자의 주력인 반도체 부문에서는 4조 5,000억 원의 적자를 기록했으며 영업이익은 무려 95% 급감한 상황이다. 많은 사람들이 느끼는 체감경기 역시 좋지 않다.

경기불황임에도 긍정적 신호가 나타나고 있는 부동산 시장, 어떤 시그널을 읽고 어떻게 시장을 바라보아야 할지 혼란스러운 시점이다. 이런 상황일수록 데이터를 살펴보고 합리적인 해석과 객관적인 판단을 할 때이다. 2020년 이후 어떤 상황이 발생했고 이것이 무엇을 초래했는지 복기할 필요가 있다.

코로나 버블부터 인플레이션과 조정까지

2020년 새해 벽두, 사람들은 한 해 구상을 하고 이를 이루려는 각오를 다졌을 것이다. 그러나 코로나라는 질병은 모든 사람들의 기대를 완전히 꺾어버리며 글로벌 팬데믹으로 몸집을 키우고 전 세계 경제를 끝 모를 궁지로 밀어 넣었다. 질병의 빠른 확산과 이에 대한 두

려움은 경제활동을 크게 제약했고, 도시 폐쇄(록다운)와 같은 강경조치가 나오기도 했다. 많은 사람들, 특히 대민 서비스업에 종사하는 사람들은 한순간에 직장을 잃기도 하였으며 집세도 못 내는 형편이 되었다.

이에 대한 정부 대응은 무한정 자본을 푸는 방식으로 이루어졌다. 한국과 미국 등 전 세계 대부분의 국가는 기준금리를 대폭 인하하면서 무너지는 자본 시장을 지탱하려고 했다. 대한민국 기준금리는 역사상 가장 낮은 0.5% 수준에 장기간 머물렀다. 금리 인하 효과는 무서웠다. 실물경제 흐름과는 상관없이 증권, 부동산, 코인 등 가상자산의 가격이 폭등했다. 코로나가 실물경제를 위축시키는 것과 별개로 자산 시장 가격은 다르게 움직인 것이다. 기준금리가 인하되자 시중에 많은 자금이 풀리면서 유동성이 풍부해졌고 그 자금들이 자산 시장으로 들어가 가격을 올렸다.

모든 정책은 목적이 선하다고 하더라도 역효과가 날 수 있다. 코로나 기간, 서민들을 도와주기 위한 보조금 정책과 기준금리 인하를 통한 유동성 강화는 '인플레이션'이라는 역효과를 불러일으켰다. 수중에 돈이 많아지면 사람들은 과거부터 갖고자 한 재화를 더 비싼 값을 지불하고서라도 매입하려 한다. 당연히 재화의 가격은 상승하고 인플레이션이 발생한다. 또한 코로나로 인해 사람들이 덜 움직이고 물자 이동이 과거만큼 원활하지 못하다면, 공급망에 문제가 발생해 재화 가격은 또 상승하게 된다. 결국 시중에 풀린 많은 돈, 보조금, 공급망 문제 그리고 예상치 못한 우크라이나 전쟁 등이 맞물리면서 인플레이션은 상상 이상으로 커졌고, 이에 대응하는 것은 생각보다 어려웠다.

기준금리 인하로 인한 유동성 공급이 인플레이션 발생의 원인 중 하나라면, 근본 원인인 유동성을 잡아야 하며 이를 위해 기준금리를 인상해야 한다. 미국은 1년 반 사이 0.25%에서 5.25%까지 기준금리를 인상했고, 우리는 미국만큼은 아니나 3.5%까지 기준금리를 상당한 수준으로 인상했다. 기준금리 인상이 자산 시장에 미친 영향은 매우 컸다. 주식 시장은 크게 조정받았고, 부동산 시장 역시 2022년 지속적으로 하락하면서 서울 주택 가격은 2021년 고점 대비 평균 20% 이상 하락했다.

'국고채 10년물 금리'와 부동산 수익률

기준금리는 국고채 10년물 금리 흐름과 높은 상관관계를 보여준다. 대개의 경우 기준금리보다 국고채 10년물 금리가 높게 형성된다. 부동산 시장에서 국고채 10년물 금리가 중요한 이유는 이것이 주택담보대출(신규) 금리(미국의 경우 30년 만기 주택담보대출 고정금리)와 매우 긴밀하게 연동되기 때문이다. 즉, 국고채 10년물 금리가 상승하면 주택담보대출 금리가 상승하게 되어 주택 구매 시 이자 부담

한국 기준금리와 국고채 10년물 금리 추이(2020~2023년)

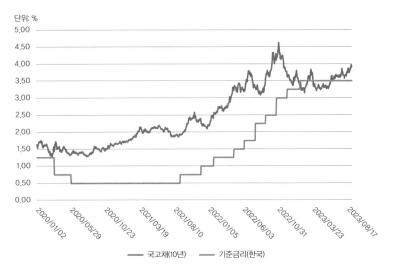

단위: %

— 국고채(10년)　　— 기준금리(한국)

이 커지게 되고 자연적으로 부동산 매수세를 감소시킨다. 당연히 가격은 정체 혹은 하락한다.

여기서 생각해야 할 다른 부분은 국고채 10년물 금리와 부동산 수익률, 더 나아가 부동산 가격과의 관계다. 국가가 발행한 채권(국고채)은 무위험 자산으로 여겨진다. 한 국가가 망하는 경우는 흔치 않고, 특히 대한민국이라는 경제 강국이 망하는 일은 발생하지 않는다고 보는 것이다. 그래서 우리나라 국채는 매우 안전한 투자 자산으로 인식된다.

반면 부동산은 상대적으로 위험자산이기 때문에, 부동산 투자수익률은 대개 국채 수익률보다 높게 형성된다. 예를 들어 대한민국 국고채 10년물 금리가 4%라고 하면, 부동산 투자 수익률은 4% 이상이 되어야 한다. 10억 원을 국채에 투자했을 때 1년에 4,000만 원을 받을 수 있다면, 부동산이라는 상대적 위험자산에 투자했을 때에는 4,000만 원 이상을 받아야 하는 게 이치다. 그래서 글로벌 부동산 투자 및 금융 분야에서는 국고채 10년물 금리가 상승하느냐 하락하느냐를 매우 중요하게 바라본다. 국고채 10년물 금리가 상승하면 부동산 수익률도 상승하기 때문이다.

여기에 한 가지 유념할 부분이 있는데, 바로 부동산 수익률의 작동 방식이다. 부동산 수익률은 1년 치 임대료를 부동산 가격으로 나눈 것이다. 예를 들어 10억 원 건물의 수익률이 4%인 경우, 1년 임대료는 4,000만 원이다.

$$\text{투자수익률} = \frac{\text{1년 임대료}}{\text{부동산 가격}}$$

국고채 10년물 금리가 상승해 부동산 수익률도 상승하면, 분자인 임대료가 상승하거나 분모인 가격이 하락하게 된다. 보통은 분모인 가격이 움직인다. 분자인 임대료는 전월세 2년 만기와 같은 계약 기간으로 묶여 있기 때문에 시장 상황에 즉각적으로 반응하지 않는다. 따라서 부동산 수익률이 상승하면 분모인 부동산 가격이 하락하게 되고, 반대로 부동산 수익률이 하락하는 경우 부동산 가격이 상승한다.

결론적으로 기준금리 상승은 (많은 경우) 국고채 10년물 금리 상승으로 연결되며 이는 부동산 투자수익률 상승(즉, 부동산 가격 하락)으로 연결된다. 그런데 문제는 2022년 10월부터 기준금리 방향과 전혀 다르게 움직이는 국고채 10년물 금리 흐름에서 발생하고 있다.

국고채 10년물 금리와 주택담보대출 금리의 관계

대개의 경우 국고채 10년물 금리는 기준금리보다 높다. 그런데 이둘이 역전되는 상황이 벌어졌다. 2023년 5월 20일, 대한민국 기준금리는 3.5%, 국고채 10년물 금리는 3.42%였다. 보통은 국고채 10년물 금리가 기준금리보다 높기에, 기준금리가 인상되면 국고채 10년물 금리도 상승하리라 생각한다. 그런데 국고채 10년물 금리는 2022년 10월 4.6%를 찍은 후 지속적으로 하락해 2023년 2월에는 3.3%까지 내려왔다. 이는 2022년 10월부터 현재까지 기준금리가 지속적으로 인상된 것과는 전혀 다르다.

2023년 1분기, 예상과 달리 일부 서울 아파트 단지에서 가격이 반등하는 경우가 나타난 것은 국고채 10년물 금리가 4.6%에서 3.3%대로 빠르게 떨어지면서 나타난 효과로 볼 수 있다. 국고채 10년물금리가 빠르게 상승했던 2021년 후반부터 2022년 10월까지는 부동산 수익률이 상승하면서 부동산 가격이 하락했다. 하지만 2022년 10월부터 예상과 달리 국고채 10년물 금리가 하락하면서 다른 상황이 나오게 됐다. 부동산 가격 하락이 멈추고 일부에서는 급매가 거래되는 등 가격 상승이 나타난 것이다. 이에 더해 정부의 각종 세제 완화, 특례보금자리론과 같은 저금리 상품의 출시가 이어졌고, 주택담보대출 금리 하락이 부동산 수요를 증가시킨 점도 무시할 수 없다.

국고채 10년물 금리는 여러 대출 금리의 기준이 되기도 한다. 특히 부동산 시장에서 주택 수요자들이 가장 중요하게 생각하는 주택담보대출 금리와 거의 동일하게 연동되어 있다. 국고채 10년물 금리에 스프레드(금리 차이)를 더해 주택담보대출 이자가 결정된다. 따라

주택담보대출 금리(고정, 변동)와 국고채 10년물 금리 추이(2013~2023년)

서 국고채 10년물 이자가 가파르게 오르면 주택담보대출 이자도 오른다. 그러면 이자 부담이 발생해 부동산 투자자들은 부동산 매입을 주저한다. 2021년 5월 2.6%에 불과했던 변동형 주택담보대출 금리(당시 국고채 10년물 금리 2.1%)가 1년 반이 지난 2022년 11월 5.3%(당시 국고채 10년물 금리 3.9%)로 급등하며 이자 부담이 2배가 넘는 상황이 됐다. 당연히 부동산 매입을 미룰 수밖에 없다.

반대로 주택담보대출 금리가 2022년 11월 5.3%에서 불과 6개월 후인 2023년 5월 4.3%로 6개월 만에 100bps 낮아졌다면, 부동산 투자자들은 생각을 바꿔 '위기는 지나갔고, 이제 투자를 할 시점'이라 느낄 수 있다.

다시 정리하면, 국고채 10년물 금리와 고정형 주택담보대출 금리는 거의 동일한 방향으로 움직이는 것을 알 수 있다. 그리고 사람들이 더 많이 활용하는 변동형 주택담보대출 금리 역시 큰 흐름에서 같이 움직인다.

특이한 사항은 국고채 10년물 금리와 마찬가지로 2022년 10월 이후의 상황이다. 변동형 주택담보대출 금리는 2022년 11월(5.3%)부터 2023년 5월(4.3%)까지 지속적으로 하락했다. 기준금리 상승국면이었음에도 주택담보대출 금리가 급격히 하락하면서 주택 수요에 불을 붙인 꼴이 된 것이다.

금융시장의 하락 압력 vs 입주 물량의 상승 압력

부동산 가격은 부동산 내부 요인(공급 물량, 매매가격 대비 전세가격의 비율, 부동산 수요, 소득수준 등)과 더불어 외부 요인(경제상황, 이자율 등) 등 다양한 요인으로부터 영향을 받는다. 이 중 금융 부분에서 앞으로 주시해야 할 것은 기준금리보다는 국고채 10년물 금리의 흐름이다. 국고채 10년물 금리가 다시 상승하기 시작한다면 서울 부동산 역시 다시 조정받을 수 있으며, 현재 수준에서 국고채 10년물 금리가 횡보한다면 부동산 가격은 정체가 나타날 수 있다.

2023년 2월부터 5월까지 3.2%~3.4%대에서 움직이던 국고채 10년물 금리는 현재 기준금리(3.5%)보다 높아졌으며 4%에 근접하고 있다. 한국은행 기준금리보다 국고채 10년물 금리가 높은 당연한 상황으로 돌아온 것이다. 국고채 10년물 금리가 상승하면서 주택담보대출 금리도 동반 상승 중이다. 따라서 금융시장 측면에서는 2023년 하반기와 2024년 상반기에 2023년 상반기와 다른 수준의 주택담보대출 금리가 나타나며 수요를 위축시킬 가능성이 있다.

그러나 부동산 하락 사이클이 짧아진 점(정체기도 짧을 수 있다) 그리고 2025년 이후 낮은 수준의 입주 물량 등을 고려하면, 금융시장으로 인한 서울시 주택 투자 수요 위축은 생각보다 짧을 수 있다.

PF대출 연장

_부동산 시장의 시한폭탄

부실 부동산 폭탄이 터지지 않고 있는 상황이 시장에 드러나면 단기적일지 언정 부동산 시장에 큰 풍파를 야기할 수 있다. 지나치게 호혜적인 PF대출 연장은 시간의 문제일 뿐 언젠가 부동산 시장과 금융시장에 충격으로 돌아 올지 모른다.

2022년 하반기, PF 사태가 불거지면서 부동산 시장은 큰 혼란에 휩싸였다. PF(Project Financing, 프로젝트 파이낸싱)는 부동산 개발과 관련한 파이낸싱으로, 쉽게 이야기하면 대규모 부동산 개발에 활용되는 대출이다. PF는 대출 상품이기 때문에 금리에 매우 민감하다. 특히 경기에 충격이 가해지면 채권 금리 등이 상승하며 연동된 PF 금리도 가파르게 상승한다. 실제로 2021년 초반 4~5%에 불과했던 PF금리가 레고랜드 사태° 이후 15% 이상으로 상승하기도 했다. 이렇게 금리가 갑작스럽게 상승하게 되면 부동산 개발 사업의 수입이 마이너스가 될 수 있어 사업이 좌초되는 경우가 많다.

PF로 인한 문제점은 2022년 하반기부터 현재까지 지속되고 있다. 부동산 경기 침체로 분양 수입은 하락하고 있는데 금융 이자와 건설 비용이 상승해, 새로운 개발은 거의 일어나지 않고 있으며 기존 부동산 건설 프로젝트도 계속해서 여러 어려움에 직면하고 있다.

PF대출로 경고등이 켜진 부동산 시장

PF 상황을 조금 더 깊게 들여다보자. 디벨로퍼가 토지를 취득해 개발 인허가를 받고 개발(아파트 단지 등)을 진행하는 경우, 디벨로퍼는 대개 총사업비의 5~10% 정도(또는 토지비 계약금, 대개 토지비의

° 2022년 10월 강원도가 레고랜드 조성을 위해 지급 보증한 2,050억 원 규모의 PF 자산유동화기업어음(ABCP)이 사실상 부도처리 되자 채권 시장 전체가 냉각되며 금융시장에 혼란이 왔다.

10~15%)를 자기자본으로 투자하고 토지비 잔금과 사업경비 그리고 공사비 일부ᵠ 등 너머지 금액은 은행권에서 PF대출을 받는다. 착공 후 분양 수입금이 들어오면 이를 가지고 건설회사에 공사비를 지불 하고 금융권에 PF의 원리금을 지급한다. 디벨로퍼는 대규모 자금을 금융권으로부터 빌려 이에 대한 원리금을 분양 수입금으로 지급해 야 하는 것이다. 따라서 PF는 ①해당 사업의 분양성이 가져오는 향 후 수입금 흐름에 대한 신뢰, ②분양성이 좋지 않아 수입금이 들어 오지 않더라도 책임지고 건물을 준공한다는 시공사의 약속(책임준 공)을 담보로 일어나는 대출이며, 해당 사업의 디벨로퍼보다 규모가 큰 건설회사의 신용이 반드시 필요하다.

분양 시장이 양호하고 디벨로퍼가 분양을 잘 진행하면, 들어온 수 입금으로 건설사에 시공비를 지급하고 금융사에 PF 원리금을 계획 대로 상환할 수 있을 것이다. 문제는 분양에 실패해 분양 대금이 들 어오지 않는 경우다. 이 경우 디벨로퍼는 수입이 없어 공사 대금과 PF 원리금을 상환할 수 없다. 그러면 시공사는 공사비를 받지 않고 도 책임준공 의무를 다하기 위해 자체 자금으로 공사를 진행해야 하 므로 자금경색에 빠지게 되고 금융기관은 PF 연체가 되며 종국에는 미분양 물건을 처분해 원리금을 회수해야 하는 상황에 이르게 된다.

이런 복잡한 상황이 실제로 발생하고 있는데, 특히 2021년 이후

ᵠ 대부분의 분양이 성공할 것으로 확신하는 사업장은 공사비를 PF를 통해 사전 조달하지 않고 분양 후 분양 수입금으로 조달한다. 하지만 일부 분양성에 의문이 있는 사업장이나 시공사의 신용이 좋 지 않은 경우 등은 공사비의 일부 또는 전부를 사전에 PF로 확보하고 진행한다.

시작된 개발 사업에서 문제가 심화되고 있다. 2020년 이전 사업장은 토지를 저렴하게 매입하고 인허가 기간 분양가가 대폭 상승해 예상되는 수익도 컸다. 또한 금리 인상 전에 분양해 분양도 대부분 양호한 성적을 거뒀고 공사도 충분히 진행되고 있었다. 따라서 이들은 대출금리 인상에 따른 PF이자, 중도금 대출이자 및 대납이자 등 금융비만 소폭 증가했을 뿐 사업 자체가 망가지는 경우는 많지 않았다.

하지만 2021년 이후 진행된 사업은 상대적으로 큰 타격을 받았다. 2020년까지의 급격한 시장 상승으로 토지를 비싸게 매입했을 뿐 아니라 금리 인상으로 인한 금융비와 갑작스럽게 30% 가까이 상승한 공사비가 사업의 원가를 급격히 증가시켰다. 또한 금리 인상으로 시장가격이 하락하자 수입은 줄고 원가는 상승한 상황에 직면하게 되었다. 이에 기존에 시공사, 금융기관과 우호적으로 사업을 추진하고 있던 디벨로퍼는 인허가 이후임에도 시공사의 사업 추진 철회로 인해 PF를 하지 못하고 사업이 좌초되는 상황에 이르렀다.

부동산 PF대출 시나리오

디벨로퍼가 매입한 토지의 잔금 지급조건이 '인허가 이전♥'으로

♥ 대부분 디벨로퍼는 인허가 이후 본PF를 통해 토지비의 잔금을 조달하기 때문에 토지매매계약 시 잔금 지급 시점을 '인허가 이후' 또는 '계약일로부터 1~2년'으로 길게 잡는다. 하지만 공매나 경매 등으로 토지를 취득할 경우에는 잔금 기한이 2~3개월로 짧아 기간 내에 인허가가 불가능하다. 이런 경우 부득이 중간 단계 담보대출 성격의 브릿지론을 실행해 나머지 토지비를 조달한다.

정해져 있다면, 디벨로퍼는 본PF를 통한 잔금 지급이 불가능해 토지를 담보로 별도의 브릿지론(Bridge Loan, 본PF에 연결해주는 대출)을 일으킨다. 이해가 어려울 수 있으니 한번 부동산 PF대출의 전 과정을 따라가며 살펴보자.

총 개발사업비(토지매입비와 건설시공비)가 3,000억 원이 들고 분양성이 양호할 것으로 기대되는 사업이 있다고 가정하자. 분양 수입은 3,600억 원이 나올 것으로 예상된다. 토지비는 1,000억 원이며 건설시공비 및 기타 원가는 2,000억 원이 든다. 그리고 토지는 공매로 취득해 2개월 내에 잔금을 완납하고 소유권을 이전해야 한다. 분양성이 양호할 것으로 예상되니 건설 시공비는 분양 이후 분양 수입금으로 충당하기로 하고 토지비 잔금만 PF로 조달하기로 계획했다.

디벨로퍼는 계약금인 토지비의 10%(100억 원)를 자기자금으로 지불하고, 인허가가 2개월 내 불가능해 본PF를 통한 자금조달을 할 수 없으므로 브릿지론으로 잔금(90%)을 조달할 계획을 가지고 있다. 대개 일반 토지는 LTV가 토지비의 50% 정도라 토지를 담보로 50%의 대출이 가능하다. 따라서 디벨로퍼는 추가로 40%에 해당하는 비용을 조달해야 잔금 지급이 가능하다.

· 총 토지비(1,000억 원)=계약금(100억 원, 자기자금)+토지담보대출(500억 원)+추가 조달해야 하는 금액(400억 원)

즉 브릿지론(총 900억 원)은 토지 자체의 담보력으로는 부족하고 추가로 40% 정도에 대한 신용 보강이 필요하다. 이는 통상 시공사가 향후 인허가가 완료되면 참여할 계획을 가지고 채무 인수를 조건으로 참여하는 것이 일반적이었다. 시공사는 400억에 대한 보증책임을 가지지만 인허가 이후 바로 본PF로 전환해 상환이 가능할 것으로 기대하고, 또 향후 2,000억 원 상당의 공사를 할 수 있으므로 기꺼이 보증에 참여한다. 2021년 사업을 시작하는 시점에서는 디벨로퍼, 시공사, 금융기관 모두 장밋빛 미래만을 생각했다.

하지만 2022년 말 인허가를 마무리한 시점에서 부동산 경기 침체가 본격화되자 상황은 돌변했다. 시장에서 받을 수 있는 분양가(수입)는 20% 가까이 하락한 반면, 공사비(원가)는 30% 가까이 상승했다. 게다가 금융비의 증가로 PF에 따른 이자도 급증했다. 황금알을 낳을 것이라 예상했던 사업은 인허가를 마친 본PF 시점에서는 누구도 쳐다보지 않는 사업으로 전락했다.

분양 수입이 20% 감소하면 총 분양 수입(매출)은 2,880억 원(=3,600억 원×80%)에 불과하다. 그런데 시공비가 30% 증가하며 공사비는 2,600억 원(=2,000억 원×130%)으로 불어난다. 정리하자면 총 개발비용은 3,000억 원에서 3,600억 원으로 상승했는데, 총 분양 수입은 3,600억 원에서 2,880억 원으로 감소한 것이다. 애초에 기대했던 600억 원 이익이 아니라 720억 원의 손해가 발생한다. 이런 경우 시공사는 본PF를 일으켜서 사업을 추진하는 것보다 브릿지론에서 본인의 책임 부분인 400억 원을 대신 변제하고 사업을 포기하는 것이 훨씬 유리하게 된다. 그리고 실제로 이런 선택이 일어났다.

- 예상: 분양 수입(3,600억 원) − 총 개발비(3,000억 원) = 600억 원 이익
- 실제: 분양 수입(2,880억 원) − 총 개발비(3,600억 원) = 720억 원 손해

PF대출 연장이 남긴 시장의 좀비들

"현재 정부에서 창구지도를 통해, 만기가 도래한 PF대출을 총선 이후로 연장하라는 메시지가 왔다고 합니다. 금융권도 이걸 무시할 수 없어서 2024년 여름까지 PF대출을 연장시킨 상태인데요. 문제는 차주가 연장된 기간의 이자를 당장 부담하지 못하는 상황일 경우 이자를 후취하는 조건으로라도 연장하라고 요구하는 것입니다."

_여의도 자산운용사 임원 인터뷰, 2023.08.01.

PF대출은 실물(토지와 건물)을 담보로 한다. 대출을 연장시키는 경우, 크게 두 가지 중 하나가 이루어져야 한다.

첫째, 추가 담보를 잡아야 한다. 은행에서 부동산 대출을 해본 사람은 알겠지만 경기가 안 좋으면 추가 담보를 요구하는 경우가 많다.

둘째, 이자를 선취해야 한다. 위태로운 사업의 대출을 연장하는 경우 연장 기간의 이자 역시 불어난다. 현재 안 좋은 사업이 미래에도 안 좋을 수 있는 만큼, 이자를 후취(연장 기간이 끝나는 시점)하는 것이 아니라 선취(대출 연장과 동시 시점)하는 것이 금융회사의 위험성을

낮출 수 있다.

　PF대출 연장과 관련해 담보액 인상과 이자 선취 등이 아니라, 이자 후취가 진행된다면 이것은 나중에 문제를 키울 수 있다. 예를 들어 PF금리를 10%라 가정하자. PF대출 1,000억 원 사업을 1년 연장해줬다면, 1년 후 100억 원을 디벨로퍼가 은행에 갚아야 한다. 그런데 만약 그 시점에도 디벨로퍼의 상황이 안 좋다면 100억 원을 누가 책임지게 되는가? 결국 은행권 부실이 더 증가할 수 있는 것이다.

　이에 더해 PF대출을 지속적으로 연장하는 부작용은 다른 곳에서도 나타나고 있다. 부실 부동산 폭탄 – 문제가 있는 NPL(Non-Performing Loan, 부동산에 투자한 부실채권) – 이 터지지 않고 있는 상황이 시장에 드러나면 단기적일지언정 부동산 시장에 큰 풍파를 야기할 수 있다. 반면 토지 가격 하락에 대비해 현금을 비축한(즉, 위기 관리를 제대로 한) 건설사와 디벨로퍼들에게는 토지를 저렴하게 매입할 수 있는 기회가 되며 새로운 개발에 나설 수 있다.

　새마을금고 사태에서 보듯이 만기 대출을 계속 연기해줌으로써 시장에서 정리되어야 할 좀비들이 여전히 존재하고 있다. 이는 부동산 시장에 심각한 영향을 끼쳤는데, 아파트 가격은 급격히 하락했음에도 토지 가격이 덜 하락하는 일이 발생한 것이다. 인플레이션으로 시공비가 크게 오르고 PF 사태의 여파로 금리가 여전히 높은 상황인데, 토지 가격마저도 덜 내려갔다. 이런 상황에서 아파트 개발에 참여할 디벨로퍼는 많지 않다. 이는 인허가 물량으로 그대로 이어졌는데, 2022년과 2023년 아파트 개발 인허가 물량은 역대 가장 저조한 수준이다.

PF대출 연장이 불러올 4가지 후폭풍

결국 PF대출 연장으로 인해서 시장 자체가 혼탁해지고 있다. 문제를 요약하자면 다음과 같다.

첫째, 위기관리를 제대로 해 저가의 토지 매물이 나올 때 새로운 사업을 일으키려는 회사들이 역으로 차별당했다. 오히려 좀비 기업들이 승자가 되고 있다. 앞으로 모든 디벨로퍼들은 견디면 어떻게든 정부가 개입할 것이라 생각하고 리스크 관리를 게을리 할 가능성도 커진다. 즉 위기관리를 제대로 하는 선진적 시스템이 아니라, 업계의 시스템 자체가 후행할 가능성이 존재한다.

둘째, 저가의 PF 물건 시장 출하가 연기됨으로써 토지 가격이 높게 유지되고 있다. 대개 장기로 토지를 보유한 토지주들은 일시적인 시장 충격이 있다 하더라도 토지 가격을 조정하지 않는다. 시장이 회복되길 기다릴 뿐이다. 하지만 NPL 물건이 시장에 나올 경우, 해당 토지에 대한 낮은 시장가격으로 거래가 이루어지게 되면 이는 결국 토지 시세의 바로미터가 되어 기존의 토지주들도 상황에 따라 토지비를 조정하게 된다. 즉 PF대출 연장은 시장에 저가 매물이 출현하는 것을 막아 결과적으로 토지비가 저렴했더라면 개발에 참여했을 디벨로퍼들의 기회를 앗아갈 것이다.

셋째, 이러한 상황은 토지 가격을 여전히 높게 유지시켜 신규 개발을 불가능하게 하고 있으며, 이는 3~4년 후 부동산 시장에 엄청난 공급 부족을 낳을 것이다. 현재 인허가 물량은 역대급이라 할 만큼 절벽 수준이며 이는 3~4년 후 입주 물량 절벽을 이끌게 될 것이다. 단기적으로 부동산 개발을 억제한 결과는 장기적으로 부동산 가격에 후폭풍을 가할 것이다.

넷째, 지방의 경우 부동산 경기가 나아지지 않는다면 PF대출 이자 부담을 금융권이 다시 부담하게 될 것이며 이는 은행권 부실과 신용 문제로 부각될 가능성이 있다. 현재는 담보물의 LTV 이상으로 거래 되어 금융기관의 원리금 상환이 가능할 수 있으나 추후 이러한 물건이 한 번에 시장에 나올 경우 저가 낙찰로 인해 금융기관은 원리금 에 훨씬 못 미치는 금액에 담보물을 넘겨야 할 수도 있다.

결국 지나치게 호혜적인 PF대출 연장은 시간의 문제일 뿐 언젠가 부동산 시장과 금융시장에 충격으로 돌아올지 모른다.

빌라 절멸의 시대
_빌라포비아의 나비효과

공급이 원활하지 않은 상황이 지속되면 빌라 전세가격은 상승 방향으로 움직일 수 있다. 이는 하위재 공급 부족으로 어쩔 수없이 상위재인 아파트로의 이동을 촉진시키면서 서울시 아파트 전세가격에 상승 압력을 줄 것이다. 그리고 이는 다시 아파트 매매가격으로 전가될 가능성이 있다.

다가구, 다세대, 연립주택을 통칭하는 '빌라♀'는 서민의 대표적인 주거 형태이며, 주거 상향을 위한 사다리의 한 축을 담당하고 있다. 그러나 최근 전세 사기와 역전세난 등으로 빌라 전세에 대한 서민들의 두려움이 커지고 있으며, 이를 일컫는 '빌라포비아'가 사회 현상으로 대두되고 있다. 빌라 전세 수요가 감소하면 빌라 공급도 자연스럽게 위축되는데, 이후 확인하겠지만 이는 빌라 인허가 물량의 감소로 연결된다.

빌라포비아가 장기적으로 지속된다면, 부동산 경기 회복 시 빌라 공급 부족과 이로 인한 혼란도 충분히 예상할 수 있다. 이런 경우 빌라 공급 부족이 즉각적으로 빌라 전세가격을 밀어 올릴 가능성이 있다(앞서 설명했으나 아파트 공급 부족의 즉각적 효과는 아파트 전세가격 상승이며, 이는 중장기적으로 아파트 매매가격 상승으로 연결된다). 또한 빌라 전세가격이 상승하면, 사람들은 같은 가격이면 상위재를 소비하고자 할 것이기에 빌라의 상위재인 아파트로 수요가 이동할 수 있고 이는 아파트 전세가격 상승으로 연결된다.

즉 '빌라포비아'의 나비효과는 ①현재 빌라를 떠나 아파트로 가는 전세 수요를 상승시켜 중기적으로 빌라 공급을 감소시킬 것이며 ②시장 안정화 시 빌라 전세가격(그리고 매매가격) 상승 및 아파트 전세가격 상승으로 이어질 수 있다는 것이다. 지금부터 빌라포비아가

♀ 주택은 크게 단독주택, 다가구주택, 다세대주택, 연립주택, 아파트로 구분된다. 이 책에서는 주택을 아파트와 비(非)아파트로 구분하되 특성이 상이한 단독주택을 제외한 비아파트인 다가구주택, 다세대주택, 연립주택을 '빌라'로 통칭한다.

어떻게 빌라와 아파트의 가격에 영향을 미치는지 그 나비효과에 대해 자세히 살펴보겠다.

전세 거래 줄고, 경매 물건 늘어나다

빌라포비아 현상은 서울시 전세 거래량 급감과 전세가격 하락, 전세 수요 부족으로 인한 경매 물건 증가 등에서 드러난다. 특히 2023년 상반기 빌라 전세 거래량 감소세는 매우 가팔랐다. 2023년 상반기 서울시 전세 거래량은 총 32,547건인데 이는 전세 사기 문제가 대두되기 전인 2022년 상반기(48,718건)의 67% 수준에 불과하다.[10]

거래량 감소는 전세가격 하락으로 연결되고 있다. 거래의 55%가 지난 분기 대비 하락 거래다.[11] 다음에 소개하는 기사 속 강서구의 한 빌라는 전세 보증금이 3억 원에서 2억 5,000만 원으로 17% 하락했다. 전세 수요가 감소하면서 전세금이 하락하거나 전세금을 못 돌려줘 경매로 나온 빌라들이 나타나고 있다. 이는 경매 건수에서 확인되는데, 2023년 5월 서울시 빌라 경매 건수는 888건으로 1년 전(424건)의 2배가 됐다.[12] 이 경매 건 중 실제로 낙찰되는 경우는 극히 적다. 2023년 5월 기준 서울시 빌라 낙찰률은 8.6%에 불과하다.[13] 1,000채 경매 물건이 있다면, 고작 86채만 낙찰이 되었다는 뜻이다. 빌라는 아무도 찾지 않는 부동산 유형이 된 형국이다.

'역전세난' 후폭풍 서민 주택에 몰렸다… '빌라포비아' 확산

부동산R114가 국토교통부 실거래가 공개시스템을 통해 지난해 4분기와 올해 1분기 서울 연립·다세대의 순수 전세 거래가격을 비교한 결과, 조사 대상 1,471건 중 804건(55%)이 종전 거래보다 금액이 내려간 '하락 거래'였다. 이번 조사는 작년 4분기와 올해 1분기 동일 단지, 동일 면적에서 전세 계약이 1건이라도 체결된 거래의 최고 가격을 비교했다.

특히 아파트 신규 입주 물량이 많았던 은평구와 강남구, 서초구는 아파트 전셋값이 하락하면서 대체재 성격의 빌라 전셋값도 같이 떨어져 하락 거래 비율이 컸다. 은평구는 전세 거래 81건 중 54건(67%)이 하락 거래였다. 이어 강남구 62%(55건 중 34건), 서초구는 60%(72건 중 43건)가 하락 거래로 나타났다.

이른바 빌라왕과 같은 전세 사기 피해가 집중된 강서구에서는 1분기 전세 거래 153건 중 94건(61%)이 하락 거래였다. 일례로 강서구 내발산동의 한 빌라(전용 29.98㎡)는 작년 11월 보증금 3억 원에 전세 계약이 체결됐지만, 올해 2월 같은 면적이 2억 5,000만 원에 거래돼 3달 사이 보증금이 5,000만 원 떨어졌다.

충격적인 2023년 빌라 공급 감소세

빌라 전세가격의 하락은 빌라 건설(빌라 공급)을 감소시킨다. 건설 원자재와 인건비가 급등하는 상황에서 공급자는 빌라 분양가격을 높일 수밖에 없다. 그런데 빌라 수요가 줄어들어 전세가격이 하락하게 되면, 빌라 공급자의 수익성은 나빠진다. 결국 신규 개발을 망설이게 되고 자연스럽게 빌라 공급이 줄어들 수밖에 없다.

이는 빌라 '인허가 물량' 감소에서도 드러난다. 2023년 1월부터 5월까지 전국의 빌라 인허가 물량은 22,961호에 불과하다. 이는 2022년의 인허가 물량 약 30만 호의 7.7%에 불과하다.[14] 비록 5월까지 물량이라 치더라도, 현재의 추세가 지속된다면 2023년 인허가 수는 6만호도 넘기기 힘들 수 있다. 지난해의 5분의 1 수준이다.

서울시의 형편은 더 심각하다. 2010년대 10년간 서울시 연 평균 인허가 물량은 대략 26만 7,000호 수준이었다. 그런데 2022년에는 11만 호로 반토막 난 데 이어, 2023년에는 더욱 처참한 수준을 이어가고 있다. 2023년 5월까지 물량은 6,028호에 불과하다. 2023년 추세대로 매월 약 1,250호씩 인허가가 나온다고 가정할 때, 1년에 기껏해야 1만 5,000호다. 이는 과거 평균의 6%에 불과하다.

빌라 인허가 물량은 아파트에 비해서도 매우 낮은 수준이다.[15] 아파트의 경우 2023년 1분기 인허가 물량이 약 14만 호로 2022년 약 18만 호 대비 78% 수준이다. 서울시 빌라 인허가 수는 과거에 비해서나 다른 주택 유형에 비해서나 절멸 수준인 것이다.

사실 빌라는 인허가로부터 준공까지의 기간이 짧다. 같은 해 1월 인허가를 받으면 당해 연도 공급도 가능하다. 문제는 빌라 건축주가 인허가를 먼저 받아두고 개발을 안 하는 경우도 있다는 점이다. 인허가 건수가 이런 수준(2010년 이후 역대 최저)으로 급감한다면, 2024

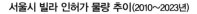

서울시 빌라 인허가 물량 추이(2010~2023년)　　　　자료 출처_국토교통부 통계누리

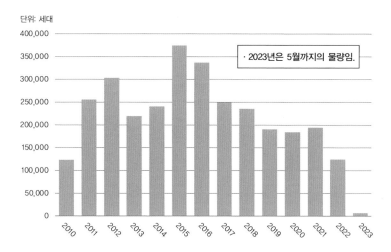

단위: 세대

· 2023년은 5월까지의 물량임.

년 빌라 공급 급감은 눈앞에 나타날 현실일 것이다.

입주(준공) 물량에서도 이를 확인할 수 있다. 2010년대 빌라 연 평균 입주량이 39,214세대였으나 2022년 입주 물량은 22,010세대로 56.1% 수준으로 감소했다. 2023년에는 비록 5월까지의 통계이기는 하나 6,927세대로 급감했다.

빌라 절멸의 시대, 나비효과의 끝은?

빌라 인허가 물량이 급감한 것은 ①2022년에 닥친 빌라 전세 문제(전세 사기, 역전세 등)와 ②디벨로퍼들의 부정적 시장 전망이 합쳐

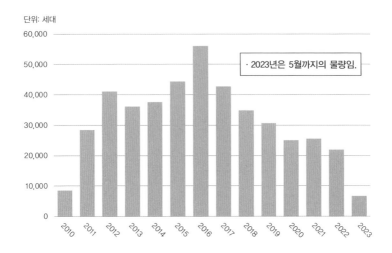

단위: 세대

· 2023년은 5월까지의 물량임.

진 결과다. 공급 측면에서 인허가 물량 급감과 전세 거래량 감소가 연결되는 모양새다.

　다만 여기서 우리가 살펴봐야 할 부분은 빌라포비아로 빌라에 살고 싶어 하지 않는 심리가 만연하고 그렇기에 빌라 전세 거래량도 감소했는데, 전세 거래량은 인허가 물량 수준으로 급감하지는 않았다는 점이다. 2023년 7월, 빌라 전세 거래량은 전세 문제 발생 이전의 67% 수준으로 이것만으로는 전세 수요가 절멸했다고 보기 어렵다. 결국 어쩔 수 없이 서민들의 대표 주거 형태인 빌라에 거주하려는 사람들이 존재한다는 점이다. 전세 사기 우려 등에도 불구하고 전세를 살 수밖에 없는 사람들이 있는 것이다.

　이처럼 서민들의 대표적 주거 형태인 빌라에 대한 수요가 완전히 없어지기는 어려운 만큼, 전세 사기 등의 우려가 해소된다면 빌라 전세의 공급 부족으로 상황이 급반전될 가능성도 존재한다. 비록 상위재와 열위재의 관계에 있으나, 대체재인 빌라와 아파트는 가격 등락에 따라 상호 간 수요에 영향을 준다. 현재는 전세 사기 문제와 아파트 전세가격의 하락 등이 빌라 전세가격 하락에 영향을 주고 있다.

향후 정부의 노력으로 전세 사기 문제가 시정돼 안심하고 거래할 수 있는 환경이 조성된다면, 빌라 입주(준공) 물량 부족이 대두될 수 있다. 즉 빌라 공급이 현재와 같이 원활하지 않은 상황이 지속되면 빌라 전세가격은 상승 방향으로 움직일 수 있다. 또한 이는 하위재 공급 부족으로 어쩔 수 없이 상위재인 아파트로의 이동을 촉진시키면서 서울시 아파트 전세가격에 상승 압력을 줄 것이다. 그리고 이는 다시 아파트 매매가격으로 전가될 가능성이 있다. 빌라포비아의 나비효과, 시각을 더 멀리 두고 적극 대비할 필요가 있다.

국토교통부 통계누리 주택건설실적통계(인허가)

불확실성

_상승과 하락 압력이 공존하다

단기적으로 2025년 상반기 강남권 전세가격은 하방 압력이 존재할 수 있다. 그럼에도 장기적 관점에서는 2025년 여름 이후 서울시 입주 물량은 심각하게 낮은 수준이 지속될 것이다. 역대급으로 저조한 아파트 입주 물량은 아파트 전세가격을 자극할 것이다.

앞서 이야기한 것처럼 부동산 시장은 공간시장과 금융시장의 영향을 받는다. 우선 공간시장과 관련한 부분을 살펴보면, 특정 유형의 시장이 반드시 해당 시장에 참여하는 매수인과 매도인에 의해서만 움직이는 것은 아니다. 예를 들어 아파트 시장을 분석할 때 아파트라는 주택 유형을 사려는 사람과 팔려는 사람만 중요한 것이 아니라는 것이다. 아파트 시장과 다른 차원인 빌라 시장의 움직임도 유심히 보아야 한다.

2023년 8월 현재, 빌라포비아로 인해 빌라 대신 아파트에 살고자 하는 수요가 커지고 있다. 이는 아파트 전세가격을 올리는 방향으로 나타나고 있다. 또한 저조한 빌라 거주 수요는 2023년뿐 아니라 2024년의 빌라 건설을 심각하게 축소시킬 수 있다. 하지만 향후 전세금 보호 정책 등이 실행되며 빌라포비아가 잠잠해지고 괜찮은 빌라를 찾는 사람들이 많아진다면 상황이 달라질 수 있다. 그때 저조한 빌라 공급으로 수요를 충족시키지 못한다면 빌라 전세가격이 상승할 것이다. 그리고 빌라 전세가격이 상승하기 시작하면, '그 가격이면 차라리 아파트 전세 살지'라고 생각하는 이들의 수요를 발생시킬 수 있다. 요약하면 중장기적으로(대략 2025년 이후) 빌라 건설 물량 부족은 아파트 전세가격 상승으로 연결될 가능성이 있다.

급격한 시공비 상승, "부동산 개발 못 한다"

작금의 상황인 역대 최저 수준의 빌라 인허가 물량과 착공 물량은 다양한 요인에서 기인한다. 빌라포비아는 여러 요인 중 하나이며, 다른 중요한 요인은 인플레이션으로 인한 시공비 상승(인건비, 건축자재비)이다. 특히 2021년 이후의 시공비 상승은 매우 심각해 모든 유형의 부동산 개발의 발목을 잡고 있다.

> "2019년까지만 하더라도 (인테리어도 필요 없는 유형인) 대형 물류창고의 시공단가는 대략 평당 200~220만 원 정도였습니다. 그런데 지금은 시공비가 너무 올라서 평당 400~450만 원을 줘야 합니다. 4년도 안 되어 2배 이상 오른 형편입니다. 토지비가 저렴하지 않으면 이렇게 높은 시공비에서는 도저히 수익성이 안 나옵니다."
>
> _물류 디벨로퍼 대표 인터뷰, 2023.08.02.

단순히 물류창고 건물 시공비만 상승한 것이 아니다. 아파트 건설 단가 역시 대폭 인상되었다. 2023년 들어 철근이 들어가지 않은 위험한 아파트 개발 단지들을 고발하는 뉴스가 유독 많아지고 있다. 이는 어쩌면 시공비 인상과 연결되어 있을지 모른다.

> "아파트 시공비를 일률적으로 말씀 드리기는 어렵습니다만, 일반 도급금액을 기준으로 2019년에는 대략 평당 390~410만 원이었

으나 현재는 530~550만 원 정도 됩니다. 30~40% 가까이 인상됐다고 보면 됩니다. 현재 같은 공사비로는 아파트 개발은 불가합니다. 개발 사업은 원가가 토지비, 공사비, 기타경비로 매우 간단하게 구성되어 있습니다.

서울 같은 경우는 토지 값이 전체 개발비에서 차지하는 비중이 높기 때문에 토지를 아주 저렴하게 매입한다면, 아파트 개발이 가능할 것도 같습니다.

하지만 지방의 경우에는 토지비가 원래 비싸지 않아 전체 원가에서 차지하는 비중이 적습니다. 때문에 공사비의 비중이 높지요. 지금과 같이 공사비가 오른 데다 주택 가격까지 떨어진 상황에서는 극단적인 경우에 토지비가 제로(Zero)가 되더라도 사업이 불가능한 경우가 대부분입니다. 인플레이션으로 인한 공사비 인상이 너무나 심각합니다."

_대단지 아파트 디벨로퍼 인터뷰, 2023.07.20.

가파른 시공비 인상은 아파트를 비롯한 모든 부동산 유형의 개발을 지체시키고 있다. 다른 각도에서 이를 해석하면 3~4년 후 모든 부동산 유형에서 공간에 대한 수요가 발생할 수 있다.

PF대출 연장이 불러올 2025년 전세 시장 상승 압력

PF대출이 지속적으로 연장되고 있는 탓에 부실 부동산 매물이 저렴한 가격에 시장에 나오지 않고 있다. 정부가 부동산 시장을 안정적으로 관리하고 있다고 볼 수도 있지만, 정책의 부정적 효과 역시 나타나고 있다. 토지 가격이 여전히 높은 수준을 유지하고 있어 새로운 개발을 불가능하게 하고 있다.

아파트 개발 사업을 비용과 수입으로 나눠 분석해보자.

아파트 개발 수입(분양가격)

아파트 개발 사업에서의 수입은 아파트를 분양해서 얻는 분양 수입이다. 분양 수입은 기본적으로 아파트 물량(호수)과 호당 분양가격에 의존한다. 하지만 시중의 아파트 가격이 2021년에 비해 크게 하락한 상황인 만큼 현재는 분양가격을 높게 책정하기 힘들다.

아파트 개발 비용(토지 매입비, 시공비, 금융비)

아파트 시공비는 3년 전에 비해 30~40% 인상되었으며, 금융비 역시 과거 연 3~4%에서 8~10%로 상당히 비용이 상승했다. 아파트 개발 사업은 당연하게도 분양 수입이 비용보다 커야 가능하다. 분양 수입이 과거보다 낮은 상황인데, 시공비와 금융비가 올랐다면 나머지 변수인 토지 가격이 상당히 저렴해야 한다.

PF대출이 연장되면서 저렴한 부동산 물건의 시장 출하가 억제되고 있다. 이는 서울시 토지 가격이 견고한 상황을 만들었다. 부동산 물건이 별로 없으니 가격을 확인할 수 없고, 급한 상황이 아닌 토지 주들은 과거의 (높은) 가격을 고수하고 있다. 이는 결국 아파트 인허가 물량 감소 그리고 2025년 이후의 아파트 입주 물량 급감으로 연결된다. 특히 2026년 이후 아파트 입주 물량은 계산이 힘들 정도로 턱없이 적다.

다만 2024년에는 강남권 거대 아파트 단지 입주(6,700세대)와 2025년 상반기 둔촌주공아파트 입주(1만 2,000세대)가 예정되어 있다. 따라서 단기적으로 2025년 상반기 강남권 전세가격은 하방 압력이 존재할 수 있다. 그럼에도 장기적 관점에서는 2025년 여름 이후, 서울시 입주 물량은 심각하게 낮은 수준이 지속될 것이다. 역대급으로 저조한 아파트 입주 물량은 아파트 전세가격을 자극할 것이다.

빌라와 아파트 시장에 대한 단기, 중기적 전망

	단기(2024년)	중기(2025년 이후)
빌라 시장	− 빌라포비아의 여진 − 아파트로의 이주 수요 발생 − 아파트 전세가격 상승 가능성	− 빌라 공급 급감 − 빌라 전세가격 상승 가능성 − 아파트로의 이주 수요 발생 − 아파트 전세가격 상승 가능성
아파트 시장	− 높은 토지 가격이 개발 위축 − 아파트 인허가 급감	− 아파트 입주량 급감 − 아파트 전세가격 상승 가능성

경기 활성화를 위한 '기준금리 인하' 가능성

이번엔 금융시장을 살펴보자. 한국은행의 기준금리는 금융통화위 원회에서 결정한다. 금융통화위원회는 한국은행 총재가 위원회 의 장을 맡으며, 의장을 포함한 7명의 위원들로 구성된다. 위원들은 거 시경제에 정통한 연구자(한국은행 소속 연구원 혹은 외부 전문가)로 구 성된다. 2023년 위원회에 합류한 한 위원의 취임 일성은 매우 흥미 롭다. 그가 강조한 바는 "재정정책과 금융(통화)정책의 모두 큰 목표 는 경제의 안정과 성장"이다.[16] 필자는 현재 경기상황을 고려할 때, 그의 생각이 잘못되었다고 보지 않는다. 다만 우리가 여기서 읽어야 할 행간은 물가 안정이 아닌 경제 안정과 성장을 강조한 위원이 존 재한다는 것이며, 이는 국가경제 성장 모멘텀이 없을 때 즉각적으로 금리 인하로 돌아갈 가능성이 높음을 시사한다. 따라서 아래 가정이 존재하는 한 한국은행의 기준금리 인하는 꾸준히 공론화되며 그 시 점이 빨라질 수 있다.

· 2023년 한국의 물가가 잡혔다는 판단이 선 경우
· 미국 기준금리가 동결된 경우
· 한국, 미국 간 기준금리 격차가 존재함에도 환율이 안정적으로 유지되는 경우

2024년에는 총선이라는 정치 이벤트가 있다. 물론 총선 때문에

한국은행이 기준금리 인하를 서두를 것이라고 보지는 않는다. 그럼에도 불구하고 다양한 가능성을 고려할 필요는 있다. 앞선 3가지 조건이 충족되었다고 판단된 경우, 2024년 금융시장은 금리 인하 요구가 거세지며 금리 인하가 시작될 가능성을 무시할 수 없다. 우리나라 경제 모멘텀이 없는 점도 금리 인하를 부채질할 가능성이 있다. 이는 결국 기준금리 인하로 국고채 10년물 금리와 주택담보대출 금리가 하락할 가능성이 있다는 것이다. 이는 2023년 상반기에 그랬듯 신규 주택 매매 수요를 자극할 것이다.

기대와 우려가 공존하는 2024년

지금까지 언급한 부분들은 2024년이 매우 원활하게 흘러가는 경우를 가정한다. 2024년 여름, PF대출 연장이 마무리되었음에도 시장에 큰 충격이 나타나지 않고 안정적인 상황이 계속되는 경우다. 그런데 만약 PF대출 연장이 끝난 후, 부실 사업장들이 정리되면서 금융권에 위기가 옮겨붙기 시작한다면 2022년 10월 레고랜드 사태에서 목도한 신용경색이 다시 발생할 수 있다. 그렇다면 이는 단기적으로 채권 금리를 상승시키면서 부동산 시장을 위축시킬 것이다.

결국 2024년은 불확실성의 해가 될 것이다. 특히 다음 질문이 쟁점이 될 수 있다.

· PF대출 연장 마무리 후 어떤 일이 발생할 것인가?

　이는 폭발력이 있는 이슈인 만큼, 상당히 보수적인 입장에서 부동산 시장을 바라보는 것이 맞다. 그럼에도 불구하고 2025년 이후의 서울 아파트 시장을 바라보면 2023년의 부정적인 요인들로 인해 예상치 못한 상황이 나타날 수 있다. 빌라포비아, 인플레이션, 시공비 급등, 높은 토지 가격 등으로 인해 빌라와 아파트 모두 역대 최악의 인허가 물량이 나올 것이고, 이는 2025년 중반 이후 입주 물량 절벽을 사람들에게 각인시킬 것이다. 저조한 입주 물량은 전세가격을 상승시킬 것이며, 장기적 관점에서 전세가격은 매매가격을 밀어 올릴 것이다. 이 시나리오대로 서울시 아파트 가격이 움직인다면, 입주 물량 부족으로 전세가격이 상승하고 그 2~3년 후 매매가격 상승이 발생했던 2010년대 중후반과 비슷한 상황이 연출될 수 있다.

부동산 시장이 변하고 있다

　이외에 (추가 연구가 필요하나) 필자가 중요하게 여기는 두 가지 가정이 있다.

　· 정보 유통속도가 빨라지며 부동산의 사이클이 짧아지고 있다.
　· 전세가 금융상품화됨에 따라, 매매가격과 전세가격이 함께 움

직인다.

유튜브를 포함한 소셜미디어에는 엄청난 양의 다양한 정보들이 유통되고 있다. 일부는 잘못된 정보이기도 하나, 많은 정보가 쌓이면 소비자는 합리적 정보를 취사선택하고 의사결정에 참고한다. 즉 정보의 양이 증가하고 속도가 빨라짐에 따라 부동산 시장의 가장 큰 단점인 '정보 비대칭성'이 완화되며 사이클이 짧아질 수 있다. 부동산 하락 구간이 짧아질 수 있고 정체 기간과 상승 기간도 짧아질 수 있다는 것이다.

2023년 8월 현재의 상황은 명확히 하락의 마지막 혹은 정체기이다. 미래에 어떤 상황이 올지를 더 많은 사람들이 인식하게 된다면 이들은 빠른 결정을 더 많이 하게 될 것이다. 이들의 결정은 시장 가격에 영향을 주면서 정체기를 더 짧게 만들 것이다.

또한 2010년대 중후반부터 전세가격과 매매가격은 상승과 하락 시점이 거의 유사하다. 높아진 전세가격으로 인해 전세 세입자들은 은행 대출을 일으켜 전세를 산다. 전세 자체가 금융상품화되고 있는 것이다. 그리고 이는 전세와 매매가격의 동조화 현상을 일으키고 있다. 전세가격이 먼저 상승하기 시작하면 매매가격의 동조화가 곧이어 일어날 가능성이 존재한다. 전세가격이 상승해 매매가격과의 차이가 좁혀지면, 약간의 자금을 더 얹어 차라리 매매를 하고자 하는 수요가 생기기 때문이다.

　다시 한 번 강조하지만, 2023년 하반기와 2024년은 불확실성의 시기이다. 예상하지 못했던 부정적 상황이 발생할 가능성이 높다. 하지만 그럼에도 시장 참여자들의 인식은 한순간에 바뀔 수 있다. 많은 사람들이 시장을 부정적으로 바라보다가도 갑자기 긍정적 인식이 많아지는 상황이 올 수 있다. 그 파장은 상당할 것이다.

개발비 상승으로 난항을 겪는 부동산 개발 업계　　　출처_〈헤럴드경제〉, 2023.02.03.

시행사들이 절체절명의 위기로 치닫고 있다. 개발사업을 통해 얻을 수 있는 수익이 사실상 제로 수준으로까지 상황이 악화되고 있다. 프로젝트 파이낸싱(PF), 브릿지론 대출의 축소로 자금조달이 어려워진 것은 물론, 돈을 끌어온다 해도 급등한 금리 탓에 금융비용이 기하급수적으로 늘어난 상황이다. 여기에 인건비, 원자재 값 등의 상승으로 공사비가 높아진 것은 물론, 시공사들이 최근 시행사 물량 수주를 꺼리는 등 사업 자체가 진행이 안 되는 현실도 시행사들의 고사 위기를 키우고 있다.

한 시행사 대표는 "과거 시행사들이 총 분양단가의 10%를 순이익으로 집계했다면 최근 금융비용이 올라 5~6%로 추산한다"며 "미분양 또는 할인 분양 때는 이마저도 장담할 수 없다. 작은 비율만 손해가 나도 수십억의 빚을 떠안아야 하는 현 상황에서 누가 사업을 하겠냐"고 반문했다. (중략)

"5~10년 뒤 주택 공급 부족 사태 겪을 것"=전문가들은 현재와 같은 위기가 길어지면 '공급 부족 사태'로 이어질 수 있다고 경고한다. 정부가 2027년까지 270만 가구 공급(인허가 기준)을 목표로 규제를 풀고 있지만, 현재의 공급 여건이 개선되지 않으면 목표 달성이 요원하다. 주택 특성상 택지 확보부터 준공까지 수년 이상 걸려, 즉각적인 공급 확대도 여의치 않다.

초품아

_실거주도 투자도 스쿨존으로

초품아 아파트가 보여주는 상대적으로 높은 경제적 가치는 아파트 거주자들의 선호를 반영한 것이다. 이러한 실질적인 거주 편의성에서 나타나는 선호는 가격 대세하락기에도 여전히 작동했다.

왜 모두 '초품아'에 열광하는 걸까?

부동산 투자자들 사이에선 '임장(현장에 임하다, 부동산 거래를 위해 해당 지역에 직접 방문해 조사하는 것)', '모하(모델하우스)', '초품아(초등학교 품은 아파트)' 등의 줄임말이 자주 쓰인다. 이 밖에도 '영끌(영혼까지 끌어모아 투자)', '갭투자(시세차익을 목적으로 전세가격과 매매가격 차이가 적은 주택을 전세를 끼고 매입하는 투자)', '빚투(빚내서 투자)' 등 다양한 부동산 관련 신조어들이 있다.

그중 '초품아'는 말 그대로 초등학교를 단지 안에 품은 아파트로, 어린 자녀의 등하굣길 사고를 염려하는 부모들에게 매우 중요한 조건이 되었다. 도로교통공단(2023)에 따르면, 2018년부터 2022년까지 5년간 만 13세 미만의 어린이 교통사고는 47,515건으로 사망자 수 127명, 부상자 수 59,525명으로 집계되었다. 코로나19 팬데믹으로 비대면 교육이 활성화된 2020~2021년에는 다소 줄기는 했으나 2022년부터 다시 증가하는 경향을 보이고 있다는 점에서 어린이 교통사고를 예방하는 차원에서도 초품아가 상대적으로 더 인기가 있을 것으로 생각된다.

사람들이 주거를 선택하는 기준은 경제적 여건, 교통 여건, 교육 환경 순으로 나타난다고 한다.[17] '교육 환경' 측면에서 자녀들이 안심하고 통학할 수 있는 초등학교 인접지인 초품아 단지는 단연 선호의 대상이다. 실제로 거주하는 사람들뿐 아니라 투자 목적으로 아파트를 매입하는 이들에게도 '초품아'는 부동산의 투자 가치를 높이는 요소로 인식된다. 부동산 상승기, 하락기를 막론하고 초품아 단지는 분양, 매매 등에 있어서 초품아가 아닌 단지들에 비해 경쟁률, 가격 등이 더 높은 편이다.

　필자는 초품아를 단지에 초등학교가 포함된 중·대형 규모의 아파트에서 확장해 다음과 같은 조건을 만족시키는 아파트 단지도 초품아로 정의하겠다.

'초품아'에 대한 관심과 선호를 알 수 있는 기사들　　　　　　　출처_구글 뉴스

초품아　　　　　　　　　　　　　　　　　　　　　　　　×　🎤　🔍

J　미주중앙일보 ✅
초품아, 학세권 프리미엄이 더해진 '이안 더 퍼스트' 주상복합 아파트 주택전시관 오픈
단지 바로 앞. 100년 전통을 자랑하는 장승포초등학교가 위치하고 도보 5분 거리에 해성 중·고등학교 있으며 주상복합아파트의 기존 허가 중 상가 부분...
1 week ago

👤　한국일보 ✅
직주근접성 뛰어난 역세권 '초품아 아파트'
금호건설이 '왕길역 금호어울림 에듀그린'을 분양한다. 단지는 지하 2층~지상 20층, 4개 동, 전용면적 59·84㎡, 243세대로 조성된다.
Mar 24, 2023

📺　노컷뉴스 ✅
초품아 대신 초품마...마을이 학교를 품었더니 학생이 늘었다
초등학교를 품고 있는 아파트를 뜻하는 이른바 '초품아'는 부동산 시장에서 인기 있는 매물로 꼽힌다. 당연히 다른 조건의 매물에 비해 가격도 비싸다...
Jun 2, 2023

📄　서울신문 ✅
중도금 60% 무이자... 인기 중소형 '초품아'
금호건설이 인천 서구 오류동에 '왕길역 금호어울림 에듀그린'(조감도)을 분양한다. '왕길역 금호어울림 에듀그린'은 지하 2층~지상 20층,...
Apr 24, 2023

첫째, 아파트 단지로부터 초등학교까지 도보 경로에 횡단보도가 포함되어 있지 않아야 한다.

둘째, (어린이 보호구역인 스쿨존이 학교 교문을 중심으로 최대 500m까지 설치되어 있기에) 아파트 단지로부터 초등학교까지 도보 500m 이내의 거리여야 한다.

정리하면, 필자는 최근접 초등학교까지의 거리가 500m 이내면서 도보 경로상 횡단보도가 없는 아파트 단지도 초품아로 정의한다. 예를 들어 아래 지도 속 강남구 소재 도곡렉슬은 3,000세대의 대규모 아파트임에도 단지 내에 초등학교가 있지는 않다. 그러나 도곡렉슬에서 바로 옆 대도초등학교까지는 횡단보도를 건너지 않고 통학할 수 있다. 그렇다면 도곡렉슬은 초품아에 해당한다고 보겠다.

도곡렉슬에서 대도초등학교까지의 도보 경로　　　　　　　　　출처_네이버지도

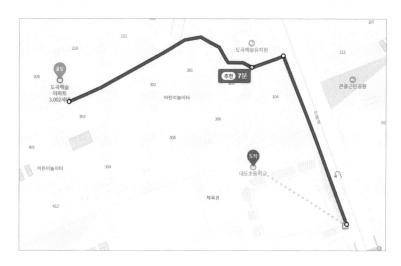

초등학교에서 100m 멀어질 때마다 집값 1,200만 원 낮아진다

2022년 1월부터 2023년 4월까지 최근 부동산 가격 하락이 급감한 시기, 서울시 아파트 실거래 내역을 바탕으로 초품아 단지와 그렇지 않은 단지의 가격 격차를 확인해보았다. 가격이 상승기일 때에는 다양한 변수들(재건축 가능성 등)이 영향을 주겠으나, 가격 정체 및 하락기에는 교육 환경과 같이 실수요자들이 중요하게 여기는 변수들이 드러날 수 있기 때문이다. 초품아 여부를 확인하기 위해 아파트 단지를 출발지로 해 해당 단지와 가장 가까운 초등학교까지와의 도보 경로 거리와 동선 상 횡단보도 유무를 인터넷에서 크롤링(프로그래밍을 통해 웹페이지에서 데이터를 추출하는 기술)해 분석했다.

국토교통부 부동산 실거래가 공개 시스템에서 제공하는 2022년 1월부터 2023년 4월까지의 서울특별시 아파트 거래는 총 23,142건이었으며, 거래 취소건 1,009건(4.4%)과 직거래 매물 2,804건(12.1%)을 제외하고 총 19,329건에 대해 분석했다. 분석 내용은 다음과 같다.[18]

첫째, 매매가격은 6,700만 원에서 130억 원까지 그 범위가 매우 넓었으며, 평균값은 10억 3,700만 원이었다. 이는 2022년 서울시 1인당 평균 연 근로소득 4,851만 원[19]의 21배가 넘는 수준이다.

둘째, 전용면적 역시 $11.33\,m^2$(공급면적 $15\,m^2$)에서 $301.47\,m^2$(공급면적 $400\,m^2$) 수준으로 편차가 크며, 평균값은 $71.4\,m^2$(공급면적 약 $92.5\,m^2$)이다.

셋째, 준공연도는 1961년부터 2023년 신축까지 다양했고, 평균 준공연도는 2003년으로 19~20년이 경과한 아파트들이었다.

마지막으로, 초등학교까지와의 거리는 79m에서 8,900m 사이였으며 평균적으로는 803m다.

총 거래 건 중 초품아가 아닌 단지는 15,555건(80.5%)이었으며, 초품아는 3,774건(19.5%)으로 약 4:1의 비율로 거래되었음을 알 수 있다.

우리의 관심사는 초등학교까지의 거리이기에, 초품아가 아닌 단지와 초품아로부터 최근접 초등학교까지의 거리를 보면, 초품아가 아닌 단지는 910m고 초품아는 365m다. 910m면 강남의 대형 블록 길이와 맞먹는다. 강남역에서 역삼역까지의 거리가 880m임을 볼 때, 910m라는 거리는 작은 횡단보도는 물론 아주 큰 길도 건널 확률이 있음을 보여준다. 계량경제모형을 활용한 분석 결과에 의하면,

· 초품아 단지는 초품아가 아닌 단지에 비해 (동일 평형 아파트를 가정할 때) 대략 6,300만 원 정도 비싸다.
· 초등학교에서 거리가 멀어질수록 아파트 가격이 떨어지는데, 대략 100m 멀어질수록 1,200만 원 정도 하락한다.

초품아 아파트가 보여주는 상대적으로 높은 경제적 가치는 아파트 거주자들의 선호를 반영한 것이다. 이러한 실질적인 거주 편의성에서 나타나는 선호는 가격 대세하락기에도 여전히 작동했다.

Part

4

8개 대장 단지
상세 리포트

서울 대장 단지 평형별 가격 분석

가격이 상승할수록 소형 평형의 평당가는 33평형에 비해 더 상승하며 이후 하락기에 다시 10~15% 고평가 수준으로 회귀했다. 결론은 이렇다. "상승장에는 지역의 대장 단지 소형 평형에 투자하라! 단, 하락장에서는 소형이 더 내려간다."

왜 '대장 단지'를 봐야 하는가

《부동산 트렌드 2023》에서는 4개 대장 단지를 분석했었다. 대장 단지에 대한 내용은 시장 참여자들에게 보다 직관적인 정보인 만큼, 이번 책에서는 더욱 많은 단지를 평형별로 상세하게 다뤄보려 한다. 예를 들어 서울시 강남구의 33평형 도곡렉슬의 가격이 어떤 흐름을 보여왔고 현재의 위치는 어디인지 알 수 있을 것이다.

필자는 광역시별 분석과 구별 분석의 경우, 서울대 공유도시랩에서 개발한 지수를 활용했다. 지수는 특정 시점을 100으로 놓고(서울대 공유도시랩 지수는 2013년 1월을 100으로 한다) 각 구별 가격 흐름을 살펴볼 것이다. 즉 2013년 1월 모든 구의 가격지수가 100으로 설정된 상태에서 만약 2023년 지수가 200이 되었다면, 이는 가격이 2배가 되었다는 것이다. 하지만 이 수치만으로는 다른 구와 절대적인 가격을 비교할 수 없다. 강남구와 노원구의 가격 차이는 알 수 없다는 의미다.

그럼에도 대장 단지의 평형별 가격(25평 혹은 33평의 분기별 평균 거래가)을 알 수 있다면 여러 유익한 정보를 얻을 수 있다. 동일 평형대 물건이라면 가격 흐름뿐만 아니라 대장 단지 간 가격 비교가 가능해지기 때문이다. 예를 들어 같은 25평형대인 잠실 엘리트와 도곡렉슬이 2000년대 후반 비슷한 가격대였으나 2023년 현재는 몇 억 원 차이가 나는지를 구체적으로 알 수 있다. 이는 부동산 투자자들에게 가장 필요한 정보 중 하나일 것이다.

또한 같은 단지 내 25평형과 33평형 가격 흐름을 통해 새로운 인사이트를 얻을 수도 있다. 가령 거의 모든 단지에서 소형 아파트인 25평이 33평형에 비해 가격 하방경직성이 더 크고(즉 가격 하락 폭이 적으며) 누적 상승률도 높다. 대장 단지 자체가 거대한 규모인 만큼 대표 평형인 25평형과 33평형 역시 상당한 규모가 존재한다. 따라서 통계적으로 충분히 유의미한 대상이 될 것이다.

이번 책에서 선정한 대장 단지는 8곳이다. 선정 기준은 2호선 인근의 대표 단지 중 3,000세대 이상의 대형 단지를 대상으로 삼았다. 왜 하필 2호선이냐 묻는다면 서울시에 있는 대부분의 업무지구가

서울시 8개 대장 단지 지도

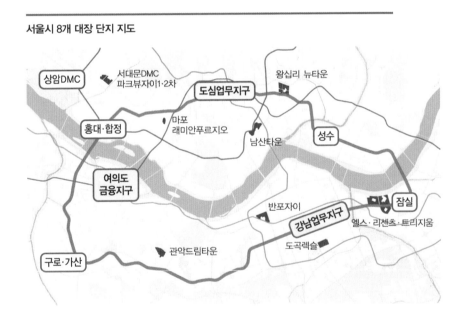

2호선을 따라(강남, 잠실, 성수, 종로·중구, 홍대·합정, 구로·가산) 혹은 2호선 내부(여의도 업무지구)에 위치하기 때문이다. 아파트 가격에 영향을 미치는 중요한 요소들은 여러 가지가 있겠으나, 업무지구 접근성은 아파트 가격에 있어 가장 유용한 지표이다. 분석에 활용된 8개 단지는 다음과 같다.

- 서초구 반포자이
- 강남구 도곡렉슬
- 송파구 '엘리트(엘스, 리센츠, 트리지움)'
- 성동구 왕십리 뉴타운
- 중구 남산타운
- 마포구 마포래미안푸르지오
- 서대문구 DMC파크뷰자이
- 관악구 관악드림타운

①서초구 반포자이

서초구에 위치한 반포자이는 반포를 상징하는 아파트 중 하나로 반포주공3단지 아파트를 재건축한 곳이다. 반포자이는 10년이 넘은 아파트임에도 최근에 지어진 단지들보다도 우수하고 고급화된 시설을 자랑한다. 단지 내에 헬스장뿐만 아니라 수영장, 사우나, 스크린

골프장, 홈플러스 마트 등의 시설도 갖추고 있다. 또한 이곳은 교통
환경도 매우 우수하다. 7호선 반포역, 9호선 사평역 그리고 지하상
가로 연결된 3호선 고속터미널역이 있으며, 서울고속버스터미널과
센트럴시티가 가까운 거리에 있다는 특징이 있다.

반포자이는 2008년 12월에 준공한 3,410세대의 대단지다. 공급
면적 기준 25평형(364세대), 35평형(1,263세대), 50평형(340세대), 60
평형(340세대), 70평형(296세대), 80평형(162세대), 90평형(156세대),
91평형(70세대)으로 구성되어 있다. 30평형대를 넘는 호수가 89%를
차지하고 있으며, 50평형대 이상의 대형 평형대가 절반 이상이다.

반포자이 vs 신반포자이
이름이 비슷한 탓에 반포자이와 신반포자이를 같은 아파트로 생각할 수
도 있다. 그러나 두 단지는 서초구에 위치해 있는 GS건설의 자이 브랜
드라는 공통점이 있을 뿐, 연식과 규모 등에서 차이가 있다. 신반포자이
는 반포자이보다 10년 정도 늦게 준공한 2018년식이며, 세대수는 607
세대로 서초구 잠원동 소재 단지이다. 또한 45평형(96세대)과 61평형(6세
대)을 제외한 나머지 2~30평형대가 주를 이루는 단지이다.

25평형

반포자이 25평대는 전체 세대(3,410가구) 중 11%를 차지한다. 이
곳은 강남구 도곡렉슬 25평형과 비슷하게 가격 흐름이 크게 네 시기
로 구분된다.

· 정체기: 2010년~2013년 4분기
· 상승기: 2014년 1분기~2022년 2분기
· 하락기: 2022년 3분기~2023년 1분기
· 정체·반등기: 2023년 2분기~현재

[정체기: 2010년~2013년 4분기]

구체적으로 살펴보면 2010년 1분기 8억 5,000만 원(분기 평균 기준)
을 기록한 후, 2011년부터 2013년까지 8억 3,000만 원을 기준으로

움직였다. 2010~2013년 사이의 정체기는 가격이 매우 안정적인 모습을 보였다. 그리고 2014년 1분기, 8억 6,000만 원을 돌파하며 지속적으로 상승했다. 매 4분기 가격을 기준으로 보면 다음과 같다. 괄호 속 숫자는 전년 동 분기 대비 변동률이다.

· 2010년 4분기: 8억 6,000만 원
· 2011년 4분기: 6억 원(-30.2%)
 (해당 분기에는 단 2건이 거래되었고, 한 건이 3억 원에 거래되는 이상거

서초구 반포자이 25평형대 가격 추이(2009년~2023년)

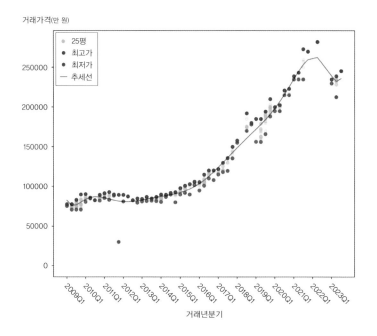

래였다.)

- · 2012년 4분기: 8억 1,000만 원(+35%)
- · 2013년 4분기: 8억 4,000만 원(+3.7%)

2011년 4분기의 예외상황을 제외하면, 거의 모든 분기의 가격대가 8억 원 초중반대의 안정적 모습을 보였다. 이는 후술하겠으나 33평과 40평형대에서 나타났던 심각한 가격 하락과는 다른 상황이었다. 반포자이 25평형은 도곡렉슬 26평형과 마찬가지로 매우 강력한 가격 하방경직성을 보여주었다.

[상승기: 2014년 1분기~2022년 2분기]

2014년 1분기 평균 거래가격이 8억 6,000만 원을 돌파하면서 반포자이는 8년 이상의 장기 폭등에 들어갔다. (평균 가격 기준) 2014년 1분기(8억 6,000만 원)부터 2022년 2분기(28억 2,000만 원)까지 무려 227% 폭등한 것이다.

다만 2021년 이후, 반포자이 25평형 하락 시작 시점에 대해서는 다양한 해석이 가능하다. 이유는 2021년 4분기부터 거래량이 분기당 1건으로 급감하더니, 2022년 한 해 동안 2분기에 딱 한 번 거래가 성사되었기 때문이다. 해당 금액이 28억 2,000만 원으로 2021년 4분기의 27억 원보다 높다. 이 정도의 거래절벽 상황에서 다른 아파트 단지는 가격이 떨어지면서 거래가 체결되는 데 반해, 반포자이 25평은 오히려 이전 가격보다 높은 가격에 성사된 것이다. 결국 33

평형의 패턴을 참조할 수밖에 없는데, 33평형의 경우 2022년 2분기까지 거래량이 존재하며 가격이 2021년 4분기부터 2022년 2분기까지 상승했다. 이를 근거로 반포자이는 거래 절벽 상황임에도 상승기 마지막 시점을 2022년 2분기로 설정했다.

장장 8년간의 가격 상승 추세는 놀라웠다. 해당 상승기 34분기 중, 가격이 이전 분기보다 하락한 분기는 8회에 그쳤다. 대개는 하락 폭도 크지 않았다. 해당 기간의 4분기 기준 가격대 흐름은 다음과 같다.

· 2014년 4분기: 9억 원
· 2015년 4분기: 10억 4,000만 원(+15.6%)
· 2016년 4분기: 11억 6,500만 원(+12%)
· 2017년 4분기: 14억 2,000만 원(+21.9%)
· 2018년 4분기: 17억 9,000만 원(+26%)
· 2019년 4분기: 19억 7,000만 원(+10%)
· 2020년 4분기: 21억 8,000만 원(+10.7%)
· 2021년 4분기: 27억 원(+23.9%)
· 2022년 2분기: 28억 2,000만 원(+4.4%)(역대 최고가)

[하락기: 2022년 3분기~2023년 1분기]

앞서 언급했듯 2022년 25평 거래량은 1건에 불과하며, 2분기에 역대 최고가를 찍은 후, 3분기와 4분기에는 거래가 전혀 발생하지 않았다. 2023년 1분기가 되어서 2건이 발생했는데, 각각 23억 원과

23억 5,000만 원에 거래되었다. 평균 23억 2,500만 원을 기준으로 전고가 대비 하락률은 18%이다. 여러 차례 기사화된 것처럼, 서초구의 하락세는 다른 지역보다 매우 약하다. 강남구 도곡렉슬(28% 하락)에 비해서도 약한 하락세이다.

[정체·반등기: 2023년 2분기~현재]

반포자이 25평은 2023년 2분기 거래량이 11건에 이르며, 거래량을 고려할 때 시장 상황이 바뀐 것으로 보인다. 그럼에도 불구하고 2023년 2분기 거래가격 자체만을 보면 사실 하락의 연장인지 혹은 정체의 시작인지는 구분하기 어렵다. 2023년 1분기와 2분기의 가격은 평균과 최저가를 볼 때 하락세이기 때문이다. 다음은 2023년 1분기와 2023년 2분기 가격이다.

· 분기 평균가: 23억 2,500만 원(1분기) → 23억 1,400만 원(2분기)
· 분기 최저가: 23억 원(1분기) → 21억 2,500만 원(2분기)

그러나 2023년 7월, 24억대 거래가 발생했고 반포자이 33평대 가격 움직임이 2분기에 1분기 대비 상승했기 때문에 최소한 하락은 멈추고 정체에 들어선 것으로 볼 수도 있다. 하지만 역시 향후 어떤 상황이 전개될지는 지켜봐야 한다. 반포자이는 모든 단지를 통틀어 가장 긴 상승기를 거친 만큼, 하락이 조금 더 길 수도 있다.

33평형

반포자이 33평은 25평대와 달리 네 시기가 아닌 다섯 시기로 구분된다. 25평은 2010년대 초반 정체기를 겪었지만, 33평형은 큰 하락기와 1차 상승기(2010년 가격까지 도달하는 시기)를 거쳤다.

· 하락기: 2010년~2012년 3분기
· 1차 상승: 2012년 4분기~2015년 3분기
· 2차 상승: 2015년 3분기~2022년 2분기

서초구 반포자이 33평형대 가격 추이(2006년~2023년)

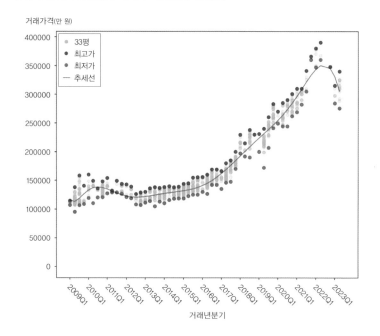

· 하락기: 2022년 3분기~2023년 1분기

· 정체·반등기: 2023년 2분기~현재

[하락기: 2010년~2012년 3분기]

2010년부터 2012년까지 3년간, 반포자이 33평형은 가격이 심각하게 하락했다. 2010년 1분기 평균 13억 7,000만 원에 거래되었으나, 2012년 3분기에는 11억 5,000만 원으로 3년간 누적 하락률이 16.1%에 이른다. 해당 시기 최저가는 10억 8,000만 원이었다. 2012년 3분기 가격인 11억 5,000만 원은 반포자이가 입주를 시작한 2009년 가격대와 비슷하다.

· 2009년 1분기 평균 거래가격: 11억 2,000만 원

· 2009년 최고 거래가격(3분기): 15억 8,000만 원

따라서 2009년 최고가 대비 2012년 3분기 평균가격은 상당한 수준의 하락이 일어난 것으로 볼 수 있다. 2010년부터 2012년 3분기 가격을 보면 다음과 같다.

· 2010년 1분기: 13억 7,000만 원

· 2010년 4분기: 13억 2,000만 원(-7.3%)

· 2011년 4분기: 13억 5,000 만 원(+2.3%)

· 2012년 3분기: 11억 5,000만 원(-14.8%)

[1차 상승기: 2012년 4분기~2015년 3분기]

1차 상승기는 하락기 최저점부터 2010년 1분기 가격을 회복한 2015년 3분기까지이다. 도곡렉슬에서도 보겠지만 반포자이도 25평형이 먼저 2010년 전고점을 돌파(2014년 1분기)하고 시차를 두고 33평형이 전고점을 돌파(2015년 3분기)했다. 전고점을 뚫는 시점을 도곡렉슬과 비교하면 반포자이가 시기적으로 앞선다.

반포자이와 도곡렉슬 2010년 전고점 돌파 시기

	반포자이	도곡렉슬
25평형	2014년 1분기	2015년 2분기
33평형	2015년 3분기	2016년 4분기

반포자이에서도 작은 평형대의 움직임이 빠르고 강하다는 특징이 나타났으며, 강남·서초라는 동일 권역 내 같은 평형대여도 단지별 움직임이 다르다는 것을 보여준다. 동일 권역이어도 매우 미시적인 공간 권역의 차별적 움직임이 잡히는 것이다. 더 나아가면 부동산 시장이 매우 세부적으로 분화되어 움직일 수 있음을 시사한다.

[2차 상승기: 2015년 3분기~2022년 2분기]

1차 상승기의 분기별 평균 상승률은 대략 1.6%다. 그런데 2차 상승기는 훨씬 장기간임에도 분기별 평균 상승률이 무려 3.8%에 이른다. 매 분기마다 전보다 가격이 4% 가까이 상승한 것이다. 1차 상승기와 체감상 전혀 다른 차원의 상승이 일어난 상황이었다.

근 7년간 누적 상승률이 170%에 다다르며, 2015년 3분기 13억 8,000만 원(분기 평균)에 거래되었던 반포자이 33평은 2022년 2분기 37억 2,000만 원까지 상승했다. 해당 기간 33평형 최고가는 2022년 2분기에 거래된 39억 원이며 가격 흐름은 다음과 같다.

· 2015년 3분기: 13억 8,000만 원
· 2015년 4분기: 14억 2,000만 원(+2.9%)
· 2016년 4분기: 15억 4,000만 원(+8.5%)
· 2017년 4분기: 18억 2,000만 원(+18.2%)
· 2018년 4분기: 23억 원(+26.4%)
· 2019년 4분기: 26억 4,000만 원(+14.8%)
· 2020년 4분기: 28억 1,000만 원(+6.4%)
· 2021년 4분기: 36억 5,000만 원(+29.9%)
· 2022년 2분기: 37억 2,000만 원(+1.9%)(역대 최고가: 39억 원)

[하락기: 2022년 3분기~2023년 1분기]

반포자이 33평은 다른 아파트 단지들보다 늦은 2022년 2분기까지 상승한 후, 3분기부터 분위기가 급변했다. 2022년 3분기에는 어떠한 거래도 발생하지 않았으며, 2022년 4분기 단 1건이 34억 8,000만 원에 거래되었다. 2023년 1분기에는 거래량이 6건으로 증가했음에도 거래가격은 평균 29억 8,000만 원(최저가는 28억 4,000만 원)으로 하락했다. 평균 가격을 기준으로 9개월 만에 전고점(37억 2,000만 원) 대비 20% 하락이 발생한 것이다. 당시 최고가 39억 원과 최저가 28억 4,000만 원을 비교하면 무려 27.2% 하락한 수치였다. 1분기 최저가인 28억 4,000만 원은 2019년 4분기 가격으로 회귀한 수준이다.

[정체·반등기: 2023년 2분기~현재]

반포자이 33평형의 거래량은 증가 추세에 있다. 2023년 1분기 6건, 2분기 14건으로 반포자이의 높은 금액을 감안하면 거래량이 붙으면서 수요가 살아나고 있다고 볼 수 있다. 가격은 31억 3,000만 원까지 올라 2분기에는 1분기 대비 5% 정도 상승했다. 다만 최저점을 기준으로 보면 1분기보다 낮은 27억 5,000만 원에 거래되어, 지속적인 상승세에 탔는지 여부는 시간을 두고 봐야 한다.

②강남구 도곡렉슬

도곡렉슬은 강남구 도곡동에 위치한 도곡주공1차(5층) 아파트를 재건축한 곳으로 2000년대 중반 컨소시엄 아파트의 선구자로 손꼽힌다. 2003년 분양 당시 도곡렉슬은 '도곡동 제1차 아파트'라는 이름으로 분양했다. 그러나 시공사가 여러 개인 컨소시엄 아파트인 만큼 이름을 한 건설사에 맞추거나 여러 건설사의 이름을 모두 넣기도 어려워 아파트 조합원들이 아파트의 이름을 '렉슬(Rexle)=왕의

(Rex)+성(Castle)'로 지었다고 한다.

　도곡렉슬은 2006년 2월에 준공된 3,002세대의 대단지이다. 공급 면적 기준 26평형(601세대), 33평형(936세대), 43평형(998세대), 50평형(404세대), 51평형(21세대), 68평형(42세대)으로 구성되어 있으며, 20평형대와 30평형대 이상의 세대수 비율이 2:8이다. 중대형 평형이 주를 이루는 단지로 볼 수 있다.

　도곡렉슬이 위치한 강남구 도곡동은 타워팰리스, 대림아크로빌 등 프리미엄 단지가 몰린 지역이다. 이곳의 첫 번째 특징은 명문대 진학률 10위권에 있는 고등학교가 다수 있다는 점과 대치동 학원가가 도보 10분 거리에 있는 교육환경이다. 또한 한티역(수인분당선)과 도곡역(3호선, 수인분당선)이 도보 5분 거리에 있어 교통도 우수하다.

부동산 PLUS ⊕

컨소시엄 아파트란?

여러 건설사가 공동으로 시공한 아파트를 의미하며, 한 건설사가 단독으로 짓기에는 리스크가 있는 대단지 아파트들이 컨소시엄 방식을 채택한다. 재건축, 재개발 주택에 많이 적용되고 있다.

도곡렉슬은 현대건설, GS건설, 쌍용건설이 공동 시공한 컨소시엄 아파트다. 관련해서 잠실 엘스, 잠실 리센츠, 잠실 트리지움, 잠실 파크리오, 잠실 레이크팰리스, 왕십리 센트라스, 고덕아르테온 등의 아파트도 2개 이상의 건설사가 공동 시공한 컨소시엄 아파트들이다.

도곡렉슬   출처_네이버지도 거리뷰

강남구 도곡렉슬 26평형대 가격 추이(2006년~2023년)

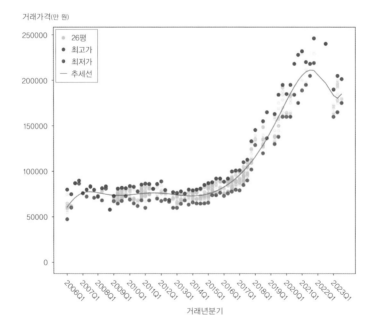

26평형

도곡렉슬 26평형대의 2010년 이후 가격 흐름을 보면 크게 네 시기로 구분된다.

· 정체기: 2010년~2015년 1분기
· 상승기: 2015년 2분기~2021년 4분기
· 하락기: 2021년 4분기~2023년 1분기
· 정체·반등기: 2023년 1분기~현재

[정체기: 2010년~2015년 1분기]

구체적으로 살펴보면 2010년 1분기 7억 6,000만 원(분기 평균 기준)을 기록한 후, 2011년부터 2014년까지 7억 3,000만 원을 기준으로 움직였다. 그리고 2015년 2분기 8억 원을 돌파하며 지속적으로 상승했다. 2010~2014년 사이는 명목가격을 기준으로 부동산 가격이 안정적으로 움직이는 평균회귀(Mean Reversion, 가격이나 수익률이 오르내리다가 평균에 가까워지는 경향)를 띤 상태였다고 본다.

· 2010년 4분기: 7억 6,000만 원
· 2011년 4분기: 7억 8,000만 원(+2.6%)
· 2012년 4분기: 7억 원(-10.3%)
· 2013년 4분기: 7억 3,000만 원(+4.3%)
· 2014년 4분기: 7억 6,000만 원(+4.1%)

도곡렉슬 26평형은 2010년대 초반(2010~2014년) 도곡렉슬의 다른 평형내와 달리 심각한 가격 하락을 겪지 않았으며, 매우 강력한 가격 하방경직성을 보여주었다. 도곡렉슬 26평형에 대한 튼튼한 수요층이 존재함을 알 수 있다.

[상승기: 2015년 2분기~2021년 4분기]

2015년 2분기 평균 거래가격이 8억 원을 돌파하면서 도곡렉슬은 장기 대폭등을 경험하게 된다. 중간중간 이전 분기보다 가격이 하락한 적은 있었으나, 장기 추세선의 상승세는 놀라웠다. 2015년 1분기 7억 6,000만 원(평균 가격 기준)부터 2021년 4분기 23억 1,500만 원까지 무려 204.6% 폭등한 것이다. 7년 만에 가격이 3배가 되었다. 2021년 4분기 최고가는 24억 6,000만 원에 이른다.

이 시기 다른 아파트 단지들과 다른 매우 특이한 상황이 발생했다. 대개 작은 평형의 아파트 평당가가 큰 평형보다 높다. 예를 들어 40평 아파트가 가격 자체는 30평보다 높더라도, 40평 아파트의 평당가보다는 30평 아파트 평당가가 높은 것이다. 마찬가지로 30평 아파트보다 20평 아파트의 평당가가 높은 것이 보통이다. 그런데 도곡렉슬의 경우, 2006년 준공 이후 20평형대보다 30평형대 아파트의 평당가가 높았다. 2006~2009년 사이에는 30평형대가 평당 400만 원 정도 비쌌다. 즉 26평 아파트가 평당 4,000만 원이라면 33평 아파트 평당가는 4,400만 원이었다. 이 독특한 상황은 2017년이 지나면서 바뀌었는데, 26평형 아파트의 평당가가 33평형을 앞지르기 시작한 것이다.

- 2015년 4분기: 8억 6,000만 원
- 2016년 4분기: 9억 원(+4.7%)
- 2017년 4분기: 11억 7,000만 원(+30%)
- 2018년 4분기: 15억 원(+28.2%)
- 2019년 4분기: 17억 4,000만 원(+16%)
- 2020년 4분기: 20억 1,000만 원(+15.5%)
- 2021년 4분기: 23억 1,500만 원(+15.2%)(역대 최고가: 24억 6,000 만 원)

[하락기: 2021년 4분기~2023년 1분기]

2022년이 얼마나 혼란스러운 한 해였는지는 2022년 거래량에서 그대로 나타난다. 도곡렉슬 26평형의 거래량은 2022년 1분기 0건, 2분기 0건, 3분기 1건, 4분기 0건으로, 2022년을 통틀어 단 한 건 거래되었다. 26평형 세대수가 적은 것도 아니다. 3,002세대 아파트 단지에서 20%(601세대)를 차지하고 있다. 이 거래량의 심각성은 과거와 비교하면 더욱 실감할 수 있다. 2020~2021년의 버블기를 제외한 2010년대 분기별 거래량 평균은 13건으로 연 거래량은 52건에 이른다. 1년에 52건 거래되는 아파트 단지의 특정 평형대에서 단 한 건이 거래된 것이다.

이런 상황에서의 가격 추정은 매우 위험할 수 있고 사실 별 의미가 없을 수 있다. 필자는 머신러닝으로 가격을 추정하기도 하는데, 이런 시기에는 머신러닝도 평활화(Smoothing, 어떤 자료의 급격한 변화를 제거해 부드러운 곡선의 패턴을 찾아내는 방법) 이슈를 발생시키면서 가격 자체를 상대적으로 높게 측정하기도 한다. 시장에서 그 누구도 해당 가격에 살 생각이 없어 참여를 안 하는 상황에 이전 거래가격을 바탕으로 추정하는 것은 어쩌면 위험할 수 있다.

앞서 설명했듯이 2023년 들어서면서 정부의 각종 규제완화책으로 부동산 시장은 최소한 하락을 멈춘 상황이다. 데이터만을 보았을 때 1분기 가격이 2분기 가격보다 낮다. 2021년 4분기와 2023년 1분기 평균가격을 비교하면 23억 1,500만 원에서 16억 7,000만 원으로 27.9% 하락했다. 2023년 1분기는 9건 정도가 거래되었기에, 거래량이 살아나고 있다고 볼 수 있으며 이 정도 샘플은 충분히 대표성이 있다고 본다. 해당 시기 거래된 최저가는 16억 원으로 이는 2018년 4분기 가격으로 회귀한 것이었다. 그리고 2021년 4분기 최고가(24억 6,000만 원) 대비 2023년 1분기 최저가(16억 원)는 35% 하락한 가격이다. 15개월 만에 시장이 얼마나 급변했는지를 알 수 있다.

2010년대 초반, 미국 금융위기의 파장이 여전히 존재했고 유럽 시장에서 여러 안 좋은 상황들이 있었던 시기에도 상당한 가격 안정성을 보여주었던 도곡렉슬 26평은 2021~2023년 사이의 대폭락기에는 큰 힘을 발휘하지 못했다. 2020~2021년 끼었던 유동성 버블이 걷히는 시기였던 것으로 보인다.

[정체·반등기: 2023년 1분기~현재]

2023년 1분기 거래량이 9건, 2분기 11건에 이르면서 거래량이 살아나고 있다. 평균 거래가격을 보면 평당 16억 7,000만 원에서 18억 7,000만 원으로 한 분기 만에 12% 상승했다. 다만 분기별 최저가를 보면 1분기 16억 원에서 2분기 16억 5,000만 원으로 상승 폭이 3.1%다. 즉 평균가격으로는 상승이 잡힌다고 볼 수 있으나, 여전히 최저가의 움직임을 보면 모든 사람들이 동의하는 상승이 일어나고 있는지에 대한 명확한 답을 하기 힘들다. 16억 원에서 16억 5,000만 원으로의 가격 변화는 언제든 충분히 일어날 수 있는 수준이기 때문이다. 계속 반복해 얘기하지만 향후 국고채 10년물 금리가 상승하며 주택담보대출 금리가 오르는 경우, 주택 가격 상승이 지속되기 힘들 수 있다.

33평형

도곡렉슬 33평은 26평대와 달리 네 시기가 아닌 다섯 시기로 구분된다. 26평이 2010년대 초중반 정체기를 겪은 데 반해, 33평형은 큰 하락기와 1차 상승기(2010년 가격을 회복하기까지의 시기)를 거쳤다.

· 하락기: 2010년~2012년 3분기
· 1차 상승기: 2012년 4분기~2016년 4분기
· 2차 상승기: 2017년 1분기~2021년 3분기
· 하락기: 2021년 4분기~2023년 1분기
· 정체·반등기: 2023년 2분기~현재

강남구 도곡렉슬 33평형대 가격 추이(2006년~2023년)

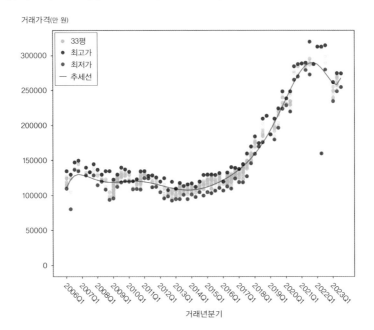

거래가격(만 원)

- 33평
- 최고가
- 최저가
- ─ 추세선

거래년분기

[하락기: 2010년~2012년 3분기]

2010년부터 2012년까지 3년간, 도곡렉슬 33평형은 가격이 심각하게 하락했다. 2010년 1분기 평균 12억 6,000만 원에 거래되었으나, 2012년 3분기에는 10억 3,000만 원으로 3년간 누적 하락률이 18.3%에 이른다. 해당 시기 최저가는 9억 3,000만 원이었다.

2012년 3분기 가격은 사실 도곡렉슬이 준공한 2006년 1분기 가격(분기 평균 거래가)인 11억 9,000만 원에도 한참 못 미치는 수준이었다. 2006년 당시 33평형 거래 최고가는 무려 15억 원이었다. 2023

년 현재로부터 무려 17년 전, 강남 33평 아파트가 15억 원에 거래되었다. 그런데 불과 6년 만에 전고가 대비 38% 하락한 9억 3,000만 원 거래 사례가 나타난 것이다. 《부동산 트렌드》 시리즈에 걸쳐 계속 이야기했듯이 '강남불패'는 사실이 아니다. 2010년대 초반의 하락 수준은 매우 심각한 상황이었으며 연도별 가격은 다음과 같았다.

· 2010년 1분기: 12억 6,000만 원
· 2010년 4분기: 12억 1,000만 원(-4%)
· 2011년 4분기: 11억 9,500만 원(-1.2%)
· 2012년 3분기: 10억 3,000만 원(-13.8%)

[1차 상승기: 2012년 4분기~2016년 4분기]

1차 상승기는 하락기 최저점에서 2010년 1분기 가격을 회복한 2016년 4분기까지이다. 이는 필자의 편의상 구분이다. 전고점 가격을 뚫는 시점은 증시에서뿐 아니라 부동산 시장에서도 중요하다. 특히 부동산은 단기 투자가 아닌 장기 투자 상품이기에, 해당 가격에 도달하는 시기까지가 상당히 길며 전고점을 뚫고 올라가면 이전과 다른 가격대가 조성될 수 있다.

도곡렉슬 26평형은 이전과 다른 움직임을 보이기 시작한 시점이 2015년 2분기인 데 반해, 33평형은 25평형보다 1년 반 이후에 전고점을 돌파했다. 즉, 작은 평형대 아파트의 가격 하방경직성이 더 강하며 가격 상승 움직임이 더 빠르다. 이는 고가 아파트에 비해 저가 아파트를 사려는 사람들의 수(수요층)가 더 많기 때문일 것이다.

도곡렉슬 33평형은 2012년 3분기부터 2016년 4분기까지 4년간 누적해 26.2% 상승했다. 2012년 3분기 10억 3,000만 원에서 2016년 4분기 13억 원이 되었는데 매년 대략 6~7,000만 원 가량 상승했다.

· 2012년 4분기: 10억 3,600만 원
· 2013년 4분기: 10억 7,000만 원(+3.3%)
· 2014년 4분기: 11억 5,000만 원(+7.5%)
· 2015년 4분기: 12억 3,000만 원(+7%)
· 2016년 4분기: 13억 원(+5.7%)

[2차 상승기: 2017년 1분기~2021년 3분기]

1차 상승기는 인플레이션보다 조금 높은 수준의 상승장이었기 때문에 명목가격이 아닌 인플레이션을 고려한 실질가격 측면에서 보면 시각에 따라 정체기였다고 볼 수도 있다. 하지만 2차 상승기는 전혀 다르다. 상승세가 상당했으며 2017년부터 2021년 3분기까지 4년 반 동안 누적 상승률이 127%에 이른다. 거래가격으로 보면 해당 기간 33평형은 평균 12억 9,000만 원(2017년 1분기)에서 29억 3,000만 원(2021년 3분기)까지 상승했다. 해당 기간 33평형 최고가는 32억 원으로 2021년 3분기에 발생했다.

· 2017년 1분기: 12억 9,600만 원

· 2017년 4분기: 15억 8,000만 원(+21.9%)

· 2018년 4분기: 21억 4,000만 원(+35.4%)

· 2019년 4분기: 23억 5,000만 원(+9.8%)

· 2020년 4분기: 28억 1,000만 원(+19.6%)

· 2021년 4분기: 28억 8,000만 원(+2.5%)(역대 최고가: 32억 원)

[하락기: 2021년 4분기~2023년 1분기]

　도곡렉슬 33평은 26평과 비슷하게 하락기 거래량이 매우 적었다. 전고점인 2021년 3분기에는 9건이 거래되었으나, 가격 하락이 시작된 2021년 4분기부터 거래량이 급감하기 시작했다. 2021년 4분기 1건, 2022년 1분기 1건, 2022년 2분기 3건, 2022년 3분기 5건, 2022년 4분기 0건 수준이었다. 해당 기간 가격은 28억 8,000만 원에서 24억 6,000만 원으로 14.6% 하락했다. 26평형에 비해 하락 폭이 작은 이유는 상승기가 짧고 상대적으로 상승률이 낮았기 때문이다. 동 기간에 거래된 최저가 23억 5,000만 원은 2019년 4분기 가격에 해당한다.

[정체·반등기: 2023년 2분기~현재]

　도곡렉슬 33평 역시 거래량이 조금씩 살아나는 중이다. 그러나 2013~2017년 사이 1차 상승기와 2차 상승기에 보였던 두 자리 수 거래량은 아니다. 상승기에는 매 분기별 평균 19건이 거래될 정도로 압도적인 거래량이 발생하면서 가격을 끌어올렸으나, 현재는 2023

년 1분기 3건, 2분기 5건에 불과하다.

따라서 가격이 24억 6,000만 원에서 26억 3,000만 원으로 한 분기 만에 6.9% 상승했더라도, 이 정도 샘플을 바탕으로 상승기로 돌아섰다고 보는 것은 무리가 있다. 최소한 바닥을 친 것으로 볼 수 있으나 거래량 자체가 26평형에 비해 적기 때문에, 가격대가 높은 33평형대가 얼마나 지속적으로 상승할지는 두고 봐야 한다.

③송파구 '엘리트'

엘리트는 송파구 잠실동에 위치한 엘스, 리센츠, 트리지움 세 아파트를 묶어서 부르는 말이다. 이 3개의 아파트 단지는 ㄱ자 형태로 서로 인접해 있으며, 준공연도가 2007~2008년으로 모두 비슷하다. 또한 모두 33평형대가 중심 평형대인 아파트 단지들이다. 과거 잠실 주공아파트(5층)를 대규모로 재건축한 단지들인데, 강남권의 도곡렉슬과 반포자이처럼 과거 서민 아파트 밀집 지역이었다. 1970년대와 1980년대 잠실은 대표적인 중산층 이하 서민 밀집 지구였다.

강남권 아파트 재건축은 서민 주택을 제공하기보다는 중산층 이상 계층 아파트 단지를 만드는 것이 계획의 목적이다. 이를 위한 논거 중 하나는 대량의 아파트 공급을 통해 "강남 집값을 잡는다"는 것이었으나, 결과적으로 실패했다. 가격은 공급 충격으로 일시적으로 영향을 받을 수 있지만 집값이란 정부가 원한다고 잡히는 것이

송파구 '엘리트' 지도

출처_네이버지도

송파구 '엘리트' 중 트리지움

출처_네이버지도 거리뷰

잠실동 '엘리트' 아파트 비교

	엘스	리센츠	트리지움
주소	잠실동	잠실동	잠실동
세대수	5,678세대	5,563세대	3,696세대
평형대 (세대수)	25평형(1,150세대) 33평형(4,042세대) 45평형(486세대)	12평형(868세대) 24평형(245세대) 33평형(3,590세대) 38평형(130세대) 48평형(730세대)	25평형(740세대) 33평형(2,402세대) 43평형(330세대) 54평형(224세대)
준공연도	2008년 9월	2008년 7월	2007년 8월
교육환경	서울잠일초등학교 신천중학교 잠일고등학교	서울잠신초등학교 잠신중학교 잠신고등학교	서울버들초등학교 영동일고등학교
교통환경	잠실새내역(2호선) 종합운동장역(9호선)	잠실새내역(2호선)	잠실새내역(2호선) 삼전역(9호선)

아니다. 결국 강남권에 서민 주택 물량이 줄어드는 대신 엄청난 중산층 이상의 타운이 만들어졌다. 1970년대 강남 개발 당시, 대한민국 정부는 소셜 믹스(다양한 계층이 모여 사는 동네를 만드는 전략)를 지향했다. 하지만 이 철학은 시간이 지나면서 후퇴했다. 1만 5,000세대 대단지 중 33평형대가 3분의 2를 차지하는 계획에 소셜 믹스가 잘 녹아 있다고 볼 수 없기 때문이다.

엘리트레? 엘리트레파?

'엘리트' 외에도 '엘리트레'와 '엘리트레파'라고 묶여 불리는 잠실의 대
규모 아파트 단지들이 있다. '엘리트레'와 '엘리트레파'의 '레'는 레이크
팰리스이며, '파'는 파크리오로 송파구에서 2006~2008년 사이에 준공
된 대형 아파트 단지들이다. '엘리트레'는 ㄱ자 형태로 위치해 있고 파크
리오는 다소 거리가 떨어져 있다는 차이는 있다. 다음 그림에서와 같이
엘리트레와 파크리오 사이의 아파트 단지들이 재건축되면 추후 또 다른
용어로 불릴 수도 있을 것이다.

송파구 '엘리트레파' 지도　　　　　　　　　　　　　　　　출처_네이버지도

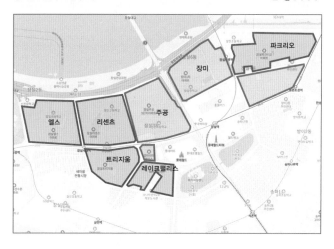

25평형

엘리트 총 1만 5,000세대 중, 25평은 세 단지를 통틀어 2,135가구
가 존재하며 이는 전체 단지의 14.2%에 해당한다. 33평형대에 이어
두 번째로 많은 타입이다. 엘리트 25평형대의 2010년 이후 가격 흐
름을 보면 크게 네 시기로 구분된다.

· 정체기: 2010년~2014년 2분기
· 상승기: 2014년 2분기~2021년 3분기
· 하락기: 2021년 4분기~2022년 4분기
· 정체·반등기: 2023년 1분기~현재

[정체기: 2010년~2014년 2분기]

정체기의 엘리트 25평 가격대 움직임은 이렇다. 2010년 1분기 7
억 4,700만 원(분기 평균 기준)을 기록한 후, 2011년부터 2014년까
지 7억 1,000만 원을 기준으로 움직였다. 그리고 2014년 2분기 7억
5,000만 원을 돌파한 후 지속적으로 상승했다.

2023년 2분기 현재 엘리트 25평 가격대는 대략 17억 8,000만 원
으로 도곡렉슬의 18억 7,000만 원과 1억 원 정도 차이가 난다. 하지
만 2010년 초, 도곡렉슬과 엘리트의 가격 차이는 2,000만 원 내외에
불과했다. 2010년대 초반 엘리트의 가격은 다음과 같다.

· 2010년 4분기: 7억 3,000만 원

송파구 엘리트(엘스, 리센츠, 트리지움) 25평형대 가격 추이(2007년~2023년)

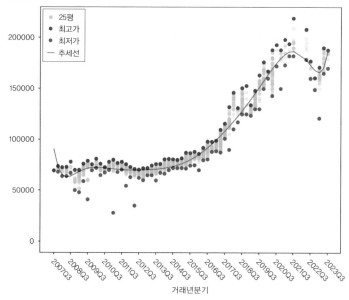

· 2011년 4분기: 7억 1,000만 원(-2.7%)

· 2012년 4분기: 6억 7,000만 원(-5.6%)

· 2013년 4분기: 7억 2,500만 원(+8.2%)

· 2014년 2분기: 7억 5,000만 원(+3.4%)

도곡렉슬과 반포자이처럼 엘리트 25평형은 같은 단지의 높은 평형대와 달리 심각한 가격 하락을 겪지 않았다. 전반적인 시장 가격 하락 기간이어도 상대적 소형 평형대의 가격 하방경직성이 뛰어남을 볼 수 있다.

[상승기: 2014년 2분기~2021년 3분기]

2014년 2분기 평균 거래가격이 7억 5,000만 원을 넘어서면서 엘리트는 장기 상승에 돌입했다. 총 29분기 동안 가격이 이전 분기보다 하락한 횟수는 6번에 불과했고, 하락한 다음 분기에는 하락 전 가격보다 높은 가격을 보여주었다. 만약 이 하락이 일시적 혹은 계절적 요인에 의한 하락이었다면 엘리트는 29분기 동안 줄기차게 가격이 올랐음을 뜻한다. 구체적으로는 2014년 2분기 7억 5,000만 원(평균 가격 기준)에서 2021년 3분기 19억 5,000만 원까지 160% 폭등했으며, 해당 기간 최고가는 2021년 3분기에 거래된 21억 9,000만 원이었다.

· 2014년 4분기: 7억 6,000만 원

· 2015년 4분기: 8억 3,000만 원(+9.2%)

· 2016년 4분기: 9억 2,000만 원(+10.8%)

· 2017년 4분기: 11억 6,000만 원(+26.1%)

· 2018년 4분기: 13억 7,000만 원(+18.1%)

· 2019년 4분기: 16억 원(+16.8%)

· 2020년 4분기: 17억 9,000만 원(+11.9%)

· 2021년 3분기: 19억 5,000만 원(+8.9%) (최고가: 21억 9,000만 원)

   (2021년 4분기에는 거래가 없음)

가격대가 비슷했던 도곡렉슬과 엘리트는 2018년을 기점으로 격차가 발생하기 시작했다. 2017년 4분기 도곡렉슬 25평은 11억 7,000만 원으로 동분기 11억 6,000만 원의 엘리트와 큰 차이가 없었지만 미래는 달랐다.

다만 33평형은 2000년대 후반 아파트 입주 시기부터 가격 격차가 존재했고, 이는 현재까지 이어지고 있다. 같은 강남 권역이어도 아파트 단지처럼 더 작은 공간 단위의 미세한 차이가 가격 차이로 드러난다는 걸 두 단지 비교에서도 알 수 있다.

[하락기: 2021년 4분기~2022년 4분기]

엘리트는 2021년 3분기 당시, 최고가 거래도 나오고 12건이 거래될 정도로 시장 상황이 나쁘지 않았다. 그런데 불과 한 분기 지나면서 상황이 역전되기 시작했다. 2021년 4분기 엘리트 1만 5,000세대 단지의 25평대에서 한 건도 거래가 일어나지 않은 것이다. 이어 2022년 1월도 마찬가지로 거래량이 없었다. 2010년대에 엘리트 25평형은 분기별로 평균 35건이 거래되었고 최소 거래도 2010년 1분기(1건)를 제외하면 6건 수준이었는데 충격적인 거래량이었다.

2022년 2분기에 들어서면서는 거래량 6건이 나오기 시작했고, 3분기에 6건, 4분기에 5건이 거래되었다. 2010년대 분기별 최소 거래량 수준이다. 6건이라는 거래량은 없는 것보다는 좋겠지만 엘리트 단지의 규모를 감안할 때 큰 수치가 아님은 당연하다.

도곡렉슬, '엘리트' 25평형 가격 비교(2018~2021년)

	도곡렉슬	엘리트	가격 차이
2018년 4분기	15억 원	13억 7,000만 원	1억 3,000만 원
2019년 4분기	17억 4,000만 원	16억 원	1억 4,000만 원
2020년 4분기	20억 원	17억 9,000만 원	2억 1,000만 원
2021년 3, 4분기	23억 1,000만 원	19억 5,000만 원	3억 6,000만 원

· 2022년 2분기: 19억 3,000만 원
· 2022년 3분기: 16억 8,000만 원(-13%)
· 2022년 4분기: 15억 3,700만 원(-8.5%)

2022년 4분기 15억 3,700만 원이란 가격은 2019년 3분기 수준으로 회귀한 것이며, 2023년 1분기에 거래된 최저가 12억 1,000만 원은 2017년 4분기 수준이다. 2021년 최고가(21억 9,000만 원) 대비 최저가(12억 1,000만 원) 하락률은 무려 44.7%에 이른다.

[정체·반등기: 2023년 1분기~현재]

2023년 1분기는 거래량이 25건에 달하면서 2022년과는 상황이 달라질 것으로 보였는데, 이런 기대는 가격에도 투영되어 평균 거래 가격이 전 분기 대비 상승이 나타났다. 그런 동시에 2023년 1분기는 역대 최저가가 거래되기도 했다. 그만큼 판단이 어렵고 혼란스러운 상황이었다. 2분기는 거래량이 소폭 감소했으나 그래도 18건이 거래되면서 가격 상승이 계속되었다.

33평형

엘리트의 주력 유형은 33평형이다. 1만 5,000세대에서 차지하는
비중이 무려 67%(10,034세대)에 달한다. 즉 엘리트의 가격 흐름을 가
장 잘 대변하는 평형이 33평형이라 보면 된다. 엘리트 33평은 25평
대와 달리 네 시기가 아닌 다섯 시기로 구분된다. 26평이 2010년대
초중반 정체기를 겪은 데 반해, 33평형은 큰 하락기 이후 2010년 가
격을 회복하기까지의 1차 상승기를 거쳤다.

· 하락기: 2010년~2012년 4분기
· 1차 상승기: 2012년 4분기~2016년 2분기
· 2차 상승기: 2016년 3분기~2021년 4분기
· 하락기: 2021년 4분기~2022년 4분기
· 정체·반등기: 2023년 1분기~현재

[하락기: 2010년~2012년 4분기]

2010년부터 2012년까지 엘리트 33평형은 16% 가량 하락했다.
2010년 1분기, 10억 원에 거래되었던 아파트가 2012년 4분기 8억
4,000만 원까지 하락한 것이다. 이 8억 4,000만 원이라는 가격은
2007년 입주 시점 평균가격 9억 8,000만 원에 한참 못 미치는 수준
이었다. 특히 2012년 4분기 최저가 7억 6,000만 원과 비교하면 입

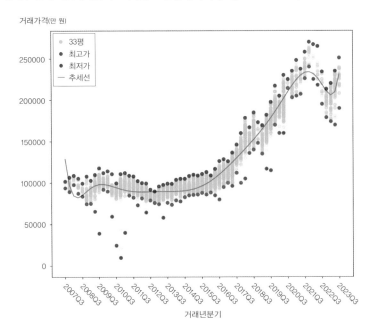

주 시점 대비 폭락이라 봐야 한다.

· 2010년 1분기: 10억 원

· 2010년 4분기: 9억 3,000만 원(-7%)

· 2011년 4분기: 9억 2,000만 원(-1.1%)

· 2012년 4분기: 8억 4,000만 원(-8.7%)

이런 하락기에 주의 깊게 볼 부분은 동일 단지 33평형과 25평의 가격대가 붙는 경향이다. 예를 들어 2012년 4분기 33평형 가격이 크게 하락했을 때(평균가격 8억 4,000원, 최저가 7억 6,000만 원) 25평형 거래 최고가는 7억 1,800만 원으로 두 평형의 가격이 몇천만 원 차이에 불과했다.

[1차 상승기: 2012년 4분기~2016년 2분기]

1차 상승기는 하락기 최저점에서부터 2010년 1분기 가격(10억 700만 원)을 회복한 2016년 2분기까지이다. 엘리트 25평형은 전고점을 2014년 2분기에 넘어섰지만, 33평형은 2016년이 되어서야 10억 원을 다시 돌파할 수 있었다. 도곡렉슬과 반포자이 등에서 살펴본 바와 같이 작은 평형대의 가격 하방경직성이 크며, 가격이 먼저 움직인다는 것을 다시 한 번 확인할 수 있다.

2016년 2분기 10억 원을 넘어설 때, 엘리트 33평형 거래량은 무려 410건에 달했다. 분기별 역대 최대 거래량이었다. 2012년 4분기부터 2016년 2분기까지 누적 상승률은 22%를 기록했다.

- 2012년 4분기: 8억 4,000만 원
- 2013년 4분기: 9억 원(+7.1%)
- 2014년 4분기: 9억 5,000만 원(+5.6%)
- 2015년 4분기: 10억 3,000만 원(+8.4%)
- 2016년 4분기: 11억 2,000만 원(+8.7%)

[2차 상승기: 2016년 3분기~2021년 4분기]

2차 상승기 시작 시점인 2016년 3분기 거래가격은 10억 8,000만 원이며, 상승기가 끝나는 시점인 2021년 4분기 가격은 25억 5,000만 원이다. 해당 기간의 누적 상승률은 무려 134%다. 33평형 최고가는 27억 원으로 2021년 4분기에 발생했다.

· 2016년 4분기: 11억 2,000만 원
· 2017년 4분기: 14억 1,000만 원(+25.9%)
· 2018년 4분기: 16억 1,000만 원(+14.2%)
· 2019년 4분기: 19억 원(+18%)
· 2020년 4분기: 21억 9,000만 원(+15.7%)
· 2021년 4분기: 25억 5,000만 원(+16.4%)(역대 최고가: 27억 원)

[하락기: 2021년 4분기~2022년 4분기]

엘리트 33평형은 다른 단지들과 달리 하락기 거래량이 0인 경우는 발견되지 않았다. 2021년 4분기 최고점을 찍은 후, 2022년 4분기 최저가를 찍을 때까지 5건에서 35건 사이 거래량이 나타났다. 따라서 엘리트 33평형은 강남권에서 시장 상황을 가장 잘 보여주는 단지로 여겨질 수 있다.

· 2021년 4분기: 25억 5,000만 원
· 2022년 1분기: 24억 5,000만 원(-3.9%)

· 2022년 2분기: 23억 4,900만 원(-4.1%)

· 2022년 3분기: 21억 8,000만 원(-7.2%)

· 2022년 4분기: 19억 8,000만 원(-9.2%)

2022년 4분기로 갈수록 하락 폭이 커짐을 알 수 있다. 2022년 상반기에는 가격 하락이 크지 않았으나 하반기에 급락한 것이다. 해당 기간의 누적 하락률은 22.4%다.

[정체·반등기: 2023년 1분기~현재]

엘리트 33평형 거래량은 2023년 1분기(62건)와 2분기(72건)에 상당했다. 이 정도 거래량을 보여주는 단지의 가격 흐름은 시장 상황을 잘 보여주리라 여겨진다. 그런데 여기에는 두 가지 조심스러운 해석이 필요하다.

평균가격만을 보면 2023년 1분기 20억 원, 2분기 21억 6,000만 원으로 이를 2022년 4분기의 19억 8,000만 원과 비교하면 최소한 바닥은 지난 것으로 보인다. 하지만 이것이 과연 상승세인지 여부를 판단하는 데는 조금 더 시간이 필요할 듯하다. 그 이유는 분기별 최저가 때문이다. 1분기(17억 4,000만 원)와 2분기(17억 원)에서 드러나듯이, 평균가격이 오르는 것과 별개로 최저가는 여전히 낮은 가격대다.

최저가부터 평균, 최고가까지 가격대가 넓게 분포되어 있다면 이는 시장을 다르게 보는 사람들이 존재하는 것이다. 시장을 좋게 보는 사람들은 약간 높은 가격에라도 사고자 할 것이며, 시장을 나쁘게 보거나 어쩔 수 없이 팔아야 하는 사람들이 존재한다면 낮은 가격에도 거래가 성사될 수 있기 때문이다. 따라서 여전히 2023년 하반기 국고채 10년물 금리가 어떤 방향으로 흐를 것인지, 또 2024년 여름 PF대출 연장 사태가 어떻게 매듭지어질지가 중요한 상황으로 보인다.

④성동구 왕십리 뉴타운

왕십리 뉴타운은 재개발하며 텐즈힐1, 텐즈힐2, 센트라스 아파트가 들어섰다. 이 아파트 단지들의 세대수는 텐즈힐1이 1,702세대, 텐즈힐2가 1,148세대, 센트라스가 가장 많은 2,529세대로 모두 중대형 단지들이며 총 5,379세대에 달한다. 이 아파트 단지들의 준공연도는 2014년 6월부터 2016년 11월 사이로 최대 2년 반 정도의 차이가 있다.

왕십리 뉴타운의 텐즈힐1, 텐즈힐2와 센트라스 아파트는 190쪽의 지도와 같이 상왕십리역과 신당역 사이에 위치해 있으며, 청계천 이남에 십자가 형태의 큰길을 기준으로 각 구역에 존재한다. 길의 중심을 기준으로 동북쪽에 텐즈힐1, 서북쪽에 텐즈힐2, 아래에는 센트라스 아파트가 길게 늘어져 있다. 이 3개 단지 내부에는 놀이터만 해

부동산 PLUS

왕십리 뉴타운

성동구 상왕십리동, 하왕십리동 일대의 왕십리 지역은 상왕십리역(2호선), 왕십리역(2호선, 5호선, 경의중앙선, 수인분당선)이 있으며, 내부순환로를 통해 서울 도심지의 접근성이 유리하고 동호대교와 성수대교를 통해 강남까지의 거리도 매우 가까운 편이다. 이렇게 왕십리 지역은 교통의 요지이지만 낙후된 집들이 많고 동대문 시장과 거래하는 공장들이 많다는 등 재개발에 어려운 사정이 있었다.

그래서 서울특별시는 새로운 계획도시를 만들고자 2002년 10월에 3개 지구를 뉴타운 사업 시범지구로 선정했다. 하나는 신시가지형 은평 뉴타운, 다른 하나는 주거 중심형의 성북구 길음 뉴타운이며, 마지막은 도심형의 성동구 왕십리 뉴타운이다.

왕십리 뉴타운의 개발 전(2009년)과 착공 이후   출처_헤럴드경제

도 15개가 존재하며 초등학교, 고등학교, 어린이집, 유치원 등의 교육환경도 갖추고 있다. 또한 곳곳에 상가 건물이 존재하여 카페와 다양한 레스토랑이 있고 내과, 이비인후과, 재활의학과 등의 병의원

왕십리 뉴타운 지도

텐즈힐1, 텐즈힐2, 센트라스 세대별 면적 구성

텐즈힐1	텐즈힐2	센트라스
		17평형대(57㎡)
25평형대(83~84㎡)	24~26평형대(80~86㎡)	23~26평형대(78~88㎡)
30평형대 초반(100~111㎡)	32~33평형대(106~111㎡)	33~35평형대(110~116㎡)
50평형 내외(160~179㎡)	46~59평형대(155~195㎡)	45평형대(149㎡)

뿐만 아니라 교회도 여럿 있다. 이렇게 왕십리 뉴타운은 단순히 3개의 아파트 단지 모임이 아닌 말 그대로 하나의 '타운(마을)'으로 봐도 될 정도이다. 그래서 본 도서에서는 텐즈힐1, 텐즈힐2, 센트라스 아파

트를 하나로 묶어 공통 평형대인 20평형대, 30평형대, 40평형대 등 3가지로 나눠 거래량과 거래 가격 추이를 살펴보고자 한다.

왕십리 뉴타운(텐즈힐1, 텐즈힐2, 센트라스)은 2014년 3분기에 40평형대가 첫 거래가 되었는데, 최초 거래가가 8억 700만 원, 평당가가 2,090만 원 수준이었다. 2015년 1분기에는 20평형대와 30평형대가 처음 거래되고, 최초 거래가는 각 5억 1,800만 원, 6억 5,000만 원이었으며 평당가는 각 2,890만 원, 2,500만 원이었다. 2014년 9월 첫 매매 거래가 있던 시점부터 2023년 1분기까지의 매매 거래는 총 1,398건이다.

왕십리 뉴타운의 텐즈힐2   출처_네이버지도 거리뷰

우선 거래량을 구간별로 나눠 살펴보면, 첫 거래부터 2016년 1분기까지 분기별 평균 거래량은 5.1건으로 매우 적었으나, 양도세 비과세 기준인 2년 거주(보유)의 요건을 갖추기 시작한 2016년 2분기에는 거래량이 43건으로 증가했다. 그 이후 2021년 4분기까지는 분기별 평균 56건(최소 9건, 최대 147건)의 매매 거래가 이루어졌다. 그러나 전국적인 부동산 하락기였던 2022년 1분기부터 2022년 4분기까지 1년간은 분기별 평균 거래량이 4.5건으로 급감했다가 2023년 1분기 23건, 2023년 2분기 56건으로 크게 반등해 2020~2021년 수준으로 회복된 모습을 보이고 있다.

25평형

왕십리 뉴타운은 2014년 3분기에 첫 거래가 일어난 만큼 2015년 1분기부터 흐름을 보겠다. 25평형대의 가격 흐름은 크게 세 시기로 구분된다.

· 상승기: 2015년~2021년 4분기
· 하락기: 2022년 1분기~2023년 1분기
· 정체·반등기: 2023년 2분기~현재

[상승기: 2015년~2021년 4분기]

2015년 1분기 평균 5억 2,600만 원의 가격대를 형성한 후, 2021년 4분기에는 분기 평균 14억 500만 원을 기록했다. 7년간 분기 평

성동구 왕십리 뉴타운 25평형대 가격 추이(2015년~2023년)

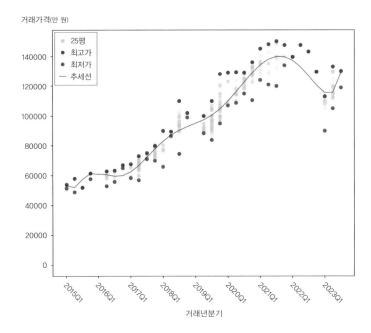

균 약 3,100만 원씩 꾸준히 상승했다. 이후 2022년 1분기 평균 13억 9,500만 원, 2분기 평균 14억 7,500만 원으로 소폭 상승했다가 하락해 2022년 2분기를 상승기의 마지막 시점으로 볼 수도 있겠으나 거래량이 각 1건씩밖에 존재하지 않는다는 점과 2022년 3월은 정권 교체로 인한 일시적 상승으로도 볼 수 있어 2021년 4분기를 상승기의 마지막 시점으로 보겠다.

· 2015년 4분기: 5억 9,600만 원

· 2016년 4분기: 6억 6,000만 원(+10.7%)

· 2017년 4분기: 7억 5,700만 원(+14.7%)

· 2018년 4분기: 10억 500만 원(+38.7%)

· 2019년 4분기: 10억 6,300만 원(+1.2%)

· 2020년 4분기: 12억 8,300만 원(+20.7%)

· 2021년 4분기: 14억 500만 원(+13%)(최고가: 14억 7,500만 원)

이렇게 2015~2017년은 매년 가격 상승분이 1억 원 미만이었다가, 3년 만인 2018년에 크게 상승하며 10억 원을 돌파했다. 2015~2018년 3년간의 누적 상승률은 무려 78%에 이른다. 또한 그로부터 3년 만인 2021년까지의 누적 상승률도 38%로 매우 높은 수준이다. 2021년 4분기까지의 최고가는 14억 7,500만 원이며 이 가격은 2022년 2분기에도 거래된 가격으로 역대 최고가이다.

[하락기: 2022년 1분기~2023년 1분기]

2022년은 초반에 가격이 상승하다 급락하기도 하고, 거래량이 매우 적기도 해서 그 추이를 명확하게 판단하기는 어려운 시기였다. 왕십리 뉴타운 25평형의 거래량은 2022년 1분기부터 4분기까지 모두 각 1건이었다. 상승기였던 2021년 4분기까지의 분기 평균 거래량인 11건에 비해 크게 감소했다. 그나마 2023년 1분기에는 거래량이 9건으로 증가했지만 가격은 코로나19 팬데믹이 시작된 2020년 1분기 이후 최저가인 10억 7,200만 원 수준이었다.

· 2022년 1분기: 13억 9,500만 원

· 2022년 2분기: 14억 7,500만 원(+5.7%)

· 2022년 3분기: 14억 3,000만 원(-3.1%)

· 2022년 4분기: 12억 9,500만 원(-9.4%)

· 2023년 1분기: 10억 7,200만 원(-17.2%)(최저가: 9억 원 - 중개 거래 건)

거래량이 9건으로 증가하기 시작한 2023년 1분기의 평균 가격대인 10억 7,200만 원은 2019년 4분기의 평균 10억 6,300만 원 수준으로 회귀한 것이다. 2023년 1분기의 최저가인 9억 원은 2018년 1분기의 최고가였던 9억 원과 동일하다. 즉 2023년 1분기의 최저 거래가는 5년 전으로 회귀한 가격임을 알 수 있다. 또한 2021년 4분기의 평균 14억 500만 원 대비 2023년 1분기의 평균 10억 7,200만 원은 23.7% 하락한 수치다.

[정체·반등기: 2023년 2분기~현재]

2023년 2분기에는 거래량도 직전 분기 9건보다 10건이 상승한 19건으로 대폭 증가했으며, 가격도 직전 분기의 10억 7,200만 원 대비 10.6% 상승한 11억 8,600만 원에 거래되었다. 그러나 향후 국고채 10년물 금리 상승에 따른 주택담보대출 금리의 변화가 가격을 결정지을 것으로 예상되기에 지금이 정체기일지 상승기일지는 더 지켜봐야 할 것이다.

33평형

왕십리 뉴타운 33평형대의 2015년 1분기부터 가격 흐름을 보면 크게 세 시기로 구분된다.

· 상승기: 2015년~2022년 1분기
· 하락기: 2022년 2분기~2022년 4분기
· 정체·반등기: 2023년 1분기~현재

[상승기: 2015년~2022년 1분기]

왕십리 뉴타운 33평형대는 2015년 1분기 평균 6억 4,300만 원을 형성한 후, 2022년 1분기에 평균 17억 7,600만 원이 되었다. 이는 분기 평균 약 3,900만 원씩 꾸준히 상승한 것이다. 2015년 3분기의 평균 7억 원에서 2016년 2분기의 평균 7억 1,900만 원으로 약 1년간 정체기였던 때를 제외하면 꾸준히 상승 곡선을 그렸다. 2016년 4분기부터 2018년 4분기까지 2년간 4억 7,400만 원이 상승해 누적 62.1%의 상승률을 보였으며 그 직후 또한 2019년 4분기부터 2020년 4분기까지 1년 만에 2억 500만 원이 오르며 15.5% 상승했다. 매우 가파른 상승세였음을 알 수 있다.

· 2015년 4분기: 7억 2,800만 원
· 2016년 4분기: 7억 6,300만 원 (+4.8%)
· 2017년 4분기: 8억 8,000만 원 (+15.3%)

성동구 왕십리 뉴타운 33평형대 가격 추이(2015년~2023년)

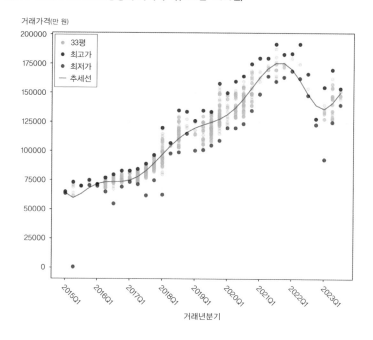

· 2018년 4분기: 12억 3,700만 원(+40.6%)

· 2019년 4분기: 13억 2,000만 원(+6.7%)

· 2020년 4분기: 15억 2,500만 원(+15.5%)

· 2021년 4분기: 17억 3,600만 원(+13.8%)

· 2022년 1분기: 17억 7,600만 원(+2.3%)(최고가 :18억 4,000만 원)

[하락기: 2022년 2분기~2022년 4분기]

왕십리 뉴타운 33평형의 거래량은 2022년 2분기 3건, 3분기 3건,

4분기 4건이다. 이 기간 거래량은 2022년 1분기까지의 상승기 분기 평균 거래량인 25.8건에 비해 대폭 줄었다. 가격 또한 2022년 4분기 평균 12억 4,200만 원까지 하락해 하락률은 무려 30%였다. 이 가격은 코로나19 팬데믹이 시작되기 직전인 2019년 3분기의 평균 가격 수준으로 회귀한 것이다. 2022년 4분기의 최저가는 12억 3,000만 원으로 2018년 1분기의 최고가인 12억 원 수준으로 회귀했음을 알수 있다.

· 2022년 2분기: 17억 6,500만 원
· 2022년 3분기: 15억 6,100만 원(-11.6%)
· 2022년 4분기: 12억 4,200만 원(-20.4%)(최저가: 12억 3,000만 원)

[정체·반등기: 2023년 1분기~현재]

2023년 1분기에는 거래량도 직전 분기의 4건에서 11건으로 증가했으며, 가격도 9,400만 원 정도 상승한 13억 3,600만 원에 거래되었다. 이 가격은 2022년 4분기 평균 대비 7.6% 상승한 가격이다. 그리고 2023년 2분기 평균 거래가격은 14억 3,000만 원으로 이는 2020년 3분기 평균가격 수준으로 회귀한 것이다.

⑤중구 남산타운

　중구 신당동의 남산타운 아파트는 분양과 임대를 포함해 총 5,150세대이며, 동 수도 42개나 된다. 송파구의 헬리오시티(9,510세대), 잠실의 파크리오(6,864세대) 정도를 제외하면 잠실 엘스, 잠실 리센츠, 올림픽선수기자촌 아파트와 함께 서울 시내 5,000세대 이상의 초대규모 단지로 꼽힌다. 세대수 상위 5개 단지가 강남권(송파구)에 위치한 만큼, 강북에서는 남산타운 아파트가 최대 규모의 독보적 단지라 할 수 있다. 2002년에 준공된 남산타운 아파트는 25평형(85m^2), 33평형(106m^2), 42평형(139m^2)으로 세 종류의 평형대가 있으며, 각 평형대별로 타입은 딱 한 가지씩만 존재한다.

　남산타운 아파트는 단지 규모가 매우 크다 보니 단지의 양쪽이 버티고개역(6호선)과 약수역(3호선, 6호선)으로 둘러싸여 있다. 또한 내부에 대형 상가가 있어 마트, 문구점, 태권도장, 식당, 빨래방, 찜질방, 검도장, 미용실 등 생활에 필요한 다양한 시설들이 있고, 어린이집, 유치원, 초등학교 등의 교육시설도 포함하고 있다.

　남산타운 아파트의 매매 거래량은 2010년 1분기부터 최근까지 2,216건(분기별 평균 41건)이다. 다만 2010년 1분기부터 2020년 4분기까지는 분기별 평균 31~65건이었으며, 2021년에는 평균 16건으로 감소하고, 2022년에는 평균 4.5건으로 급감했다. 2023년부터는 다시 분기별 평균 10건 이상으로 반등했다.

　중구 남산타운의 평균 거래량 41건은 강동구 선사현대(2,938세대)

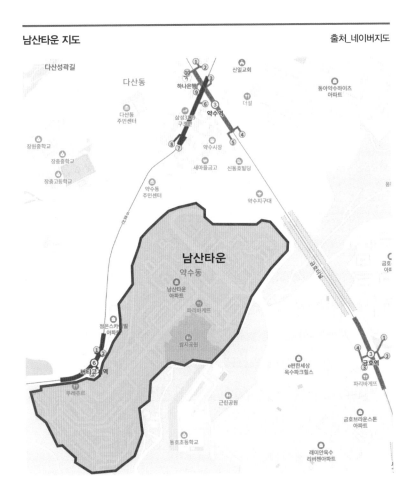

아파트의 43건보다는 적고, 마포구 성산시영(3,710세대) 아파트의 36
건보다는 많은 수준이다. 이는 남산타운 아파트가 5,150세대의 강
북 최대의 단지임에도 임대 세대가 2,034세대 포함된 것에서 기인
했을 수 있다. 물론 다른 아파트 단지들도 임대 세대들이 포함되어

남산타운

있지만, 남산타운의 경우에는 분양과 임대 비율이 6:4로 매우 높다. 그래서 5,000세대 급의 단지임에도 매매 거래량이 그 정도 수준까지 나오지 않는 것이다.

25평형

남산타운 25평형대의 2010년 1분기부터 가격 흐름을 보면 크게 네 시기로 구분된다.

· 정체기: 2010년~2013년 3분기
· 상승기: 2013년 4분기~2021년 3분기

> **남산타운의 리모델링 계획**
> 2023년 7월 기준, 남산타운 아파트는 임대 세대를 제외한 3,116세대에 대해서 수직 증축 리모델링을 추진하고 있다. 현재는 지하 3층, 지상 18층 높이로 용적률 204.7%지만, 향후 지하 7층, 지상 21층으로 리모델링해 3,583세대로 467세대를 증설하겠다는 계획이다. 또한 가구당 1.02대 수준의 주차장 수용률을 1.6대까지 늘린다고 한다. 이에 대해 대형 건설사들의 러브콜이 잇따르고 있으며, 주민들의 조합 설립 동의율도 66.7%를 갖췄다. 리모델링 조합원 설립이 임박한 상황이다. 리모델링을 통해 임대 세대와 분양 세대의 아파트 환경 격차가 어느 정도로 벌어질지 귀추가 주목된다.

· 하락기: 2021년 4분기~2023년 1분기
· 정체·반등기: 2023년 2분기~현재

[정체기: 2010년~2013년 3분기]

이 기간의 가격대는 3억 7,000만 원 내외에서 소폭 하락과 소폭 상승을 보이긴 하나 큰 상승세나 하락세는 보이지 않는다. 구체적으로 살펴보면 2010년 1분기 평균 3억 7,500만 원을 형성한 후, 2013년 3분기에는 평균 3억 8,000만 원이었다. 3년여간 450만 원 정도 올라 명목상 1.2% 상승했으나 물가상승률을 감안하면 실질적 정체나 하락으로 볼 수 있는 시기이다.

중구 남산타운 25평형대 가격 추이(2006년~2023년)

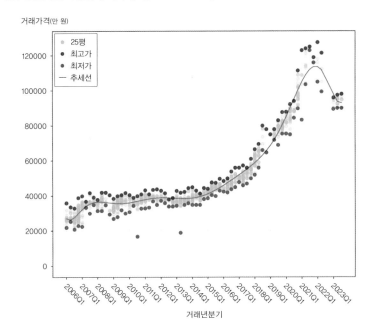

거래가격(만 원)

- 25평
- 최고가
- 최저가
- ─ 추세선

거래년분기

[상승기: 2013년 4분기~2021년 3분기]

2013년 4분기 평균 3억 9,000만 원에서 2021년 3분기 평균 12억 4,500만 원으로 8년 가까운 기간에 219.2% 상승했다. 특히 2020년 1분기부터 2021년 3분기까지 7개 분기 동안 4억 4,000만 원이 상승했을 정도로 코로나19 팬데믹 시기의 상승이 매우 컸다.

- · 2013년 4분기: 3억 9,000만 원
- · 2014년 4분기: 4억 1,500만 원(+6.4%)

· 2015년 4분기: 4억 5,400만 원(+9.4%)

· 2016년 4분기: 5억 100만 원(+12.3%)

· 2017년 4분기: 5억 5,100만 원(+8%)

· 2018년 4분기: 7억 1,300만 원(+29.4%)

· 2019년 4분기: 8억 300만 원(+16.4%)

· 2020년 4분기: 9억 8,900만 원(+19.2%)

· 2021년 3분기: 12억 4,500만 원(+25.9%)(최고가: 12억 5,000만 원)

2013~2017년에는 가격 상승 폭이 연 5,000만 원 이하였다. 그러나 2018년부터는 상승 폭이 커지면서 2020년 4분기에는 아파트 가격이 9억 8,900만 원으로 10억 원에 근접해졌다. 2021년 3분기에는 분기 평균 12억 4,500만 원을 기록해 최고가였다.

[하락기: 2021년 4분기~2023년 1분기]

2021년 3분기에 12억 원을 돌파한 후 2021년 4분기~2022년 1분기에 11억 원대로, 2022년 2분기에는 10억 원대로 하락했다. 그 후 2022년 3분기와 4분기에는 거래가 없었다가 2023년 1분기에 평균 9억 2,500만 원으로 더욱 하락하는 모습을 보였다. 9분기 만에 다시 10억 원 미만으로 하락한 것이다. 또한 이 시기에는 분기별 거래량이 0~7건 수준으로 상승기(2013년 4분기~2021년 3분기) 분기 평균 거래량인 17건에 비해 크게 감소했다.

· 2021년 4분기: 11억 7,000만 원
· 2022년 1분기: 11억 6,600만 원(-0.3%)
· 2022년 2분기: 10억 9,600만 원(-6%)
· 2022년 3분기~4분기: 거래 없음
· 2023년 1분기: 9억 2,500만 원(-15.6%)(최저가: 8억 9,500만 원)

이 기간에 남산타운 25평형은 분기 평균가격 기준 25.7% 하락했다. 최저가는 2023년 1분기의 8억 9,500만 원으로 2020년 1분기의 최고가(8억 7,900만 원)와 2020년 2분기(9억 2,200만 원)의 중간 수준으로 회귀했음을 알 수 있다. 가격이 약 3년 전으로 되돌아간 것이다.

[정체·반등기: 2023년 2분기~현재]

2023년 2분기에는 거래량이 직전 분기(7건)와 비교해 12건으로 증가했으며, 가격도 9억 4,100만 원으로 2% 상승했다. 그러나 이 가격이 유지되는 정체기일지 올라가는 상승기일지는 더 지켜봐야 할 것이다.

33평형

2010년 1분기부터 가격 흐름을 보면 남산타운 33평형대는 크게 네 시기로 구분된다.

· 하락기: 2010년~2013년 3분기
· 1차 상승기: 2013년 4분기~2015년 2분기
· 2차 상승기: 2015년 3분기~2021년 4분기
· 하락기: 2022년 1분기~현재

[하락기: 2010년~2013년 3분기]

남산타운 33평은 2010년 1분기 평균 5억 6,900만 원을 형성한 후, 2013년 3분기 4억 9,600만 원까지 하락했다. 이 기간 동안 분기별 1,000만 원 내외로 소폭 하락하면서 누적 7,350만 원이 하락(누적 하락률 12.8%)했다. 2013년 최저가는 4억 2,200만 원에 이르며, 이는 25평보다 낮은 가격에 거래된 것일 뿐 아니라, 2006년 가격대로 회귀한 것이었다. 2013년 강북의 거대 단지 33평형 아파트가 무려 6년 전 가격으로 돌아간 것이다.

· 2010년 1분기: 5억 6,900만 원
· 2010년 4분기: 5억 4,000만 원(-5.1%)
· 2011년 4분기: 5억 5,500만 원(+2.8%)
· 2012년 4분기: 5억 4,600만 원(-1.6%)
· 2013년 3분기: 4억 9,600만 원(-9.2%)(최저가: 4억 2,200만 원)

[1차 상승기: 2013년 4분기~2015년 2분기]

2013년 3분기 최저점을 찍은 후, 가격은 상승하기 시작해 2015년

중구 남산타운 33평형대 가격 추이(2006년~2023년)

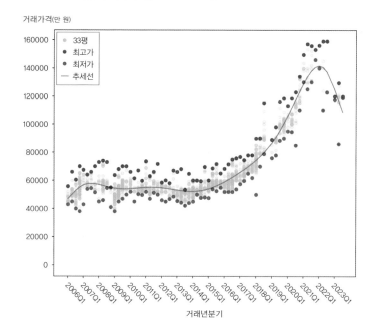

거래가격(만 원)

거래년분기

2분기에 2010년 가격을 넘어서게 됐다. 2010년 1분기 가격에 다시 도달하는 데 대략 5년이 넘게 걸린 것이며, 다른 단지와 마찬가지로 25평형대보다 더 긴 시간이 요구되었다.

· 2013년 4분기: 5억 2,000만 원
· 2014년 4분기: 5억 6,000만 원(+7.7%)
· 2015년 2분기: 5억 8,500만 원(+4.5%)

[2차 상승기: 2015년 3분기~2021년 4분기]

2015년 3분기부터 2021년 4분기까지 남산타운 33평의 가격은 지속적으로 상승했다. 해당 기간의 총 분기는 26분기로 이 중 직전 분기보다 가격이 하락한 분기는 4개 분기에 불과하다. 그리고 바로 다음 분기에 직전 분기 값을 모두 넘어섰다. 대세상승 속 일시적 하락에 불과했던 것이다. 해당 기간의 누적 상승률은 157.8%에 이른다. 2013~2017년에는 연평균 2,000~6,200만 원 수준의 상승이 일어났으나 2018년부터 2021년 사이 5년간은 매년 1억 원 이상씩 상승했다.

· 2015년 4분기: 5억 8,000만 원
· 2016년 4분기: 6억 4,200만 원(+10.7%)
· 2017년 4분기: 7억 300만 원(+9.5%)
· 2018년 3분기: 9억 원(+28%)(4분기 거래 없음)
· 2019년 4분기: 10억 100만 원(+11.2%)
· 2020년 4분기: 12억 3,600만 원(+23.2%)
· 2021년 4분기: 14억 9,500만 원(+21%)(최고가 : 15억 3,000만 원)

[하락기: 2022년 1분기~현재]

남산타운은 2021년 4분기에 14억 9,500만 원으로 분기 평균 최고 가격을 기록한 후, 2022년 1분기부터 2023년 2분기까지 하락세를 보이고 있다. 분기별 거래량 역시 2~11건으로 직전 상승기였던

2013년 4분기부터 2021년 4분기까지의 평균 거래량인 22건에 비해 대폭 감소했음을 알 수 있다.

- 2022년 1분기: 14억 8,000만 원
- 2022년 2분기: 13억 5,600만 원(-8.4%)
- 2022년 3분기: 14억 1,000만 원(+4%)(최저가: 11억 원)
- 2022년 4분기: 거래 없음
- 2023년 1분기: 11억 8,700만 원(-15.8%)
- 2023년 2분기: 11억 4,000만 원(-4%)

2022년 2분기 평균가격 대비 2022년 3분기의 평균가격은 5,400만 원 상승한 것으로 보이나 거래량이 2건으로 매우 적었고, 해당 분기 전후로는 하락한 상태이기 때문에 2022년 3분기는 하락의 시기로 보았다.

2023년 2분기(11억 4,000만 원)는 2021년 4분기(14억 9,500만 원) 대비 23.7% 하락한 가격이며, 해당 기간의 최저가(11억 원)와 이전 최고가(15억 3,000만 원)를 비교하면 28.1%의 하락률을 보인다. 최저가를 기준으로 보면 해당 가격은 2018년 3분기 가격으로 회귀한 것이다.

⑥마포구 마포래미안푸르지오

    마포구 아현동의 마포래미안푸르지오, 줄여서 '마래푸'라 불리는 단지는 2014년 9월에 준공되었으며 공공임대주택 661세대를 포함해 3,885세대가 거주하는 대규모 단지이다. 종전은 노후 저층 주거지였으나 아현 뉴타운에 포함된 '아현제3구역 주택재개발정비사업'을 통해 지금의 대규모 아파트 단지로 탈바꿈했다.

    마포래미안푸르지오는 2호선 이대역, 아현역, 5호선 애오개역, 공덕역, 6호선 대흥역, 공덕역 그리고 공항철도와 경의중앙선의 역세권에 위치한 서북권 최고의 교통 요충지에 자리 잡고 있다. 8~30층

마포래미안푸르지오 단지 전경

높이의 51개 동으로 구성되어 있으며, 주차 대수는 4,580대이다. 면적별로는 전용면적 24평형 1,241세대, 33평형 1,458세대, 40평형 이상 781세대로 구성된다.

단지 내에 한서초등학교가 있는 초품아이며, 도보권에 아현초등학교, 서울여자중학교, 동도중학교, 자사고인 숭문고등학교, 한성고등학교 등이 있다. 인근 대흥역 주변에 신흥 학원가도 형성되어 상당한 입시 경쟁력을 보이고 있다. 또한 단지 내와 근처에 다수의 국공립 어린이집, 유치원이 있어서 우수한 보육, 교육환경을 가진 단지다. 과거보다는 현재, 그보다 미래가 더 유망한 지역으로 평가된다.

24평형

마포래미안푸르지오 24평형대의 2010년 이후 가격 흐름을 보면 크게 네 시기로 구분된다.

- 정체기: 2014년 4분기~2016년 3분기
- 상승기: 2016년 4분기~2021년 3분기
- 하락기: 2021년 4분기~2022년 4분기
- 정체·반등기: 2023년 1분기~현재

[정체기: 2014년 4분기~2016년 3분기]

2014년 4분기 6억 6,000만 원(분기 평균 기준)을 형성한 후, 2015년 2분기에 6억 1,000만 원까지 하락했으나 다시 상승하며 2015년 4분

아현 뉴타운의 과거와 현재

"마누라 없이는 살아도 장화 없으면 못 사는 곳."[9] "노후하고 불량한 판잣집들이 언덕배기에 들어차 있어 장화를 신지 않으면 발을 다칠 만큼 열악한 동네."[20] 최근 신흥 업무지구로 떠오르는 아현 뉴타운의 과거다. 이곳은 마포구 북동쪽에 위치해 북쪽으로는 서대문구, 동쪽으로는 용산을 끼고 있으며, 남북으로 CBD(도심권 오피스)와 YBD(여의도권 오피스)를 잇는 마포대로변에 있다. 또 공덕역, 애오개역, 아현역, 이대역 등의 지하철역과 한강과도 가까워 도심 및 여의도 고소득 금융맨들이 선호하는 주거지로 주목받는 지역이다. 마포래미안푸르지오는 여기 아현 뉴타운의 대장 아파트다.

공식적인 아현 뉴타운은 2003년 11월, 2기 뉴타운사업지구로 지정된 공덕동, 아현동, 염리동의 8개 구역을 의미한다. 이 8개 구역은 재정비촉진구역으로 공식 지정된 6개 재개발구역(공덕 5구역, 아현 3구역, 염리 2구역, 염리 3구역, 염리 4구역, 염리 5구역) 및 1개 재건축구역(아현 2구역) 그리고 1개 도시환경정비구역(마포로 6구역)이다. 2011년 공덕 5구역을 시작으로 신축 단지들이 계속 준공되고 있다. 다만 아현 뉴타운은 넓게는 공덕동, 아현동, 신공덕동, 염리동 일대에서 재개발·재건축·도시환경정비 사업으로 새롭게 지어진 단지들 모두를 포함해 일컫기도 한다.

마포래미안푸르지오 조감도　　　　　　　　　　　　　출처_삼성물산, 대우건설

📍 노후하고 열악한 동네를 묘사할 때 흔히 쓰이는 비유

마포구 마포래미안푸르지오 24평형대 가격 추이(2014년~2023년)

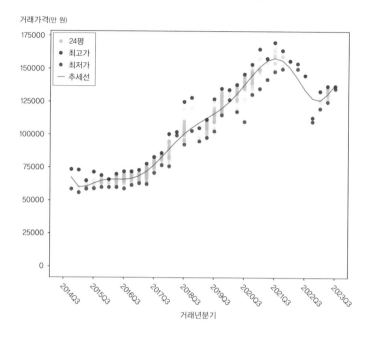

기에 6억 4,000만 원을 기록했다. 다음 분기에도 6억 2,000만 원으로
일시 하락했다가 이후 6억 6,000만 원까지 세 분기를 연속해 지속적
으로 상승했다. 2014~2016년 사이는 명목가격을 기준으로 부동산
가격이 안정적으로 움직이는 평균회귀 경향을 띤 상태였다고 본다.

다시 말하자면 마포래미안푸르지오 24평형은 2014년 최초 거래
후 약 2년 동안 횡보하는 양상을 보였다. 도곡렉슬이 2015년 2분기
부터 상승장 초입(회복기)에 진입한 것과는 달리 2분기 늦은 2016년
1분기에 바닥을 찍고 지속적인 상승추세를 보이며 전고점을 회복했

다. 도곡렉슬과 마찬가지로 마포래미안푸르지오 24평형 역시 정체기에 최저가와 최고가의 차이가 4,000만 원밖에 되지 않을 징도로 안정적 흐름과 매우 강력한 가격 하방경직성을 보여주었다. 마포래미안푸르지오 24평형에 대한 강력한 수요층이 존재함을 알 수 있다.

· 2014년 4분기: 6억 6,000만 원
· 2015년 4분기: 6억 4,000만 원(-3.1%)

[상승기: 2016년 4분기~2021년 3분기]

2016년 4분기 평균 거래가격이 6억 8,000만 원을 돌파하면서 마포래미안푸르지오의 가격은 장기 대폭등을 경험했다. 이 기간 중 2019년 1분기 단 한 번의 하락을 제외하고는 모든 기간에 걸쳐 놀라운 장기적 상승세를 보여주었다. 분기 평균 가격을 기준으로 2016년 4분기(6억 8,000만 원)부터 2021년 3분기(15억 8,000만 원)까지 132.4% 폭등했다. 5년간 가격이 약 2.3배가 된 것이다. 2021년 3분기 최고가는 17억 원에 이른다. 마포래미안푸르지오 역시 다른 아파트 단지들과 유사하게 24평형의 평당가가 33평형에 비해 약 15% 높게 형성되었다.

· 2016년 4분기: 6억 8,000만 원
· 2017년 4분기: 8억 1,000만 원(+19.1%)
· 2018년 4분기: 11억 7,000만 원(+44.4%)

· 2019년 4분기: 12억 2,000만 원(+4.3%)

· 2020년 4분기: 14억 3,000만 원(+17.2%)

· 2021년 4분기: 15억 7,000만 원(+9.8%) (역대 최고가: 17억 원)

[하락기: 2021년 4분기~2022년 4분기]

2022년을 통틀어 24평은 단 6건(1분기 1건, 2분기 2건, 3분기 1건, 4분기 2건) 거래되었다. 24평형은 3,885세대 중 32%(1,241세대)를 차지한다. 이 거래량의 심각성은 과거와 비교하면 알 수 있다. 2020~2021년의 유동성 버블기를 제외한 2010년대 분기별 평균 거래량은 22건, 1년 거래량은 88건에 이른다. 1년에 88건 거래되는 아파트 단지의 특정 평형대에서 단 6건만이 거래된 것이다.

가격 역시 고점인 2021년 3분기와 저점인 2022년 4분기 평균가격을 비교하면, 15억 8,000만 원에서 11억 1,000만 원으로 29.7% 하락했다. 분기 평균이 아닌 거래가격을 살펴보면 최고가 17억 원(2021년 3분기)에서 무려 33% 하락했다. 그러나 전술한 바와 같이 2022년 4분기의 거래량이 2건에 불과해 이 정도의 샘플로는 대표성이 있다고 말하기 조심스러운 것이 사실이다. 한편 해당 시기 거래된 최저가는 11억 원으로 이는 2019년 2분기 가격 수준으로 회귀한 것이었다.

2014년 이후 8년 가까운 시간 동안 큰 하락기 없이 상승을 거듭한 마포래미안푸르지오 단지 24평형조차도 2021~2023년 사이의 대폭락기에는 고전했다. 2020~2021년 버블이 걷히는 시기였을 것이다.

[정체·반등기: 2023년 1분기~현재]

2023년 1분기 거래량이 7건, 2분기 17건에 이르면서 거래량이 살아나고 있다. 평균 거래가격을 보면 12억 5,000만 원에서 13억 2,000만 원으로 한 분기 만에 5% 상승했다. 다만 분기별 최저가를 보면 1분기 12억 원에서 2분기 12억 5,000만 원으로 상승세는 4% 정도이다. 반면에 해당 기간 최고가는 2023년 2분기 13억 7,000만 원으로 2022년 4분기 최저가 11억 원 대비 25%에 가까운 상당한 상승률을 보였다. 다른 아파트 단지 분석에서도 말했듯이 향후 국고채 10년물 금리와 주택담보대출 금리가 상승하는 경우 상승이 지속적으로 일어날지는 알 수 없다.

33평형

마포래미안푸르지오 33평은 24평대와 달리 3개 시기로 구분된다. 24평이 2014년부터 2016년까지 정체기를 겪은 데 반해, 33평형은 2021년 3분기까지 지속적인 상승을 보였다.

- 상승기: 2014년 3분기~2021년 3분기
- 하락기: 2021년 4분기~2023년 1분기
- 정체·반등기: 2023년 2분기~현재

[상승기: 2014년 3분기~2021년 3분기]

33평형은 2014년 3분기부터 2021년 3분기까지 7년 동안 누적 상승률이 193%에 이른다. 거래가격이 평균 6억 3,000만 원(2014년 3분기)에서 18억 7,000만 원(2021년 3분기)까지 상승했다. 다만 상승의 속도는 강남의 도곡렉슬 단지와 유사하게 2017년 4분기까지의 완만한 상승기와 2018년 이후의 급등기로 나눌 수 있다. 해당 기간 33평형 최고가는 2021년 3분기 19억 3,500만 원으로 강북권 최고가인 20억 원에 육박했다.

마포구 마포래미안푸르지오 33평형대 가격 추이(2014년~2023년)

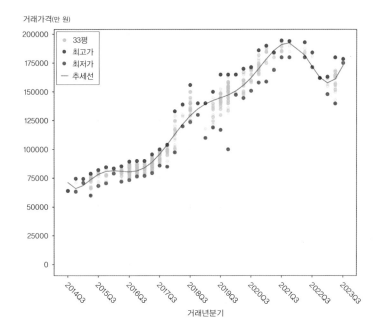

· 2014년 3분기: 6억 3,000만 원

· 2014년 4분기: 6억 8,000만 원(+7.9%)

· 2015년 4분기: 7억 8,000만 원(+14.7%)

· 2016년 4분기: 8억 3,000만 원(+6.4%)

· 2017년 4분기: 9억 8,000만 원(+18%)

· 2018년 4분기: 13억 5,000만 원(+37.8%)

· 2019년 4분기: 14억 8,000만 원(+9.6%)

· 2020년 4분기: 17억 2,000만 원(+16.2%)

· 2021년 4분기: 18억 8,000만 원(+9.3%)(역대 최고가: 19억 3,500만 원)

[하락기: 2021년 4분기~2023년 1분기]

마포래미안푸르지오 33평은 24평과 비슷하게 하락기 거래량이 매우 적었다. 2010년대 분기별 평균 거래량은 20건이었으나 하락기 평균 거래량은 4건에 불과했다. 전고점인 2021년 3분기에는 11건이 거래되었지만 가격 하락이 시작된 2021년 4분기부터 거래량이 급감하기 시작했다. 2021년 4분기 5건, 2022년 1분기 0건, 2022년 2분기 6건, 2022년 3분기 3건, 2022년 4분기 1건 수준이었다. 해당 기간 가격은 평균 18억 8,000만 원에서 15억 8,000만 원으로 16% 하락했다. 동기간 최저가 14억 8,000만 원은 2019년 4분기 가격으로 돌아간 수준이다.

마포래미안푸르지오 33평 역시 거래량이 2010년대 평균 수준을 회복하고 있다. 2023년 2분기는 23건 정도가 거래되었기에, 거래량이 살아나고 있다고 볼 수 있으며 이 정도 샘플은 충분히 대표성이 있다고 본다. 다만 상승의 폭이 크지 않다. 평균가격 기준으로 15억 8,000만 원에서 16억 원으로 불과 1.2% 상승해 상승기로 완전히 돌아섰다고 보는 것은 무리가 있다. 최소한 바닥을 친 것으로 볼 수 있으나, 의미 있는 금액의 상승이 있을지는 두고 봐야 한다.

마포래미안푸르지오가 주는 인사이트는 다음과 같다.

첫째, 강남구와 달리 6개월 가량 늦은 2017년 초부터 대세상승을 시작했으나 2018년은 38%의 믿기지 않는 상승률을 보였다. 이른바 '마용성(마포구, 용산구, 성동구)'의 관심도가 높아진 것과 함께 강남이나 용산 지역보다는 전체 투자 규모가 크지 않아 투자 수요가 몰린 것으로 보인다. 늦게 상승을 시작했으나 연간 상승률은 강남을 상회했다. 마포구에 대한 관심이 지역의 대장 단지인 마포래미안푸르지오로 집중된 것으로 판단된다.

둘째, 상승기에 가격을 끌어올리는 힘에서 지역의 차이를 확인할 수 있다. 마포래미안푸르지오 인근 지역인 서대문구 가재울의 DMC파크뷰자이 단지와 비교해보면 입주 초기인 2016년 4분기의 거래 가격은 33평형 기준 마포래미안푸르지오 8억 3,000만 원, DMC파크뷰자이 7억 1,000만 원으로 16.9% 격차를 보였다. 하지만 2021

년 3분기에 기록한 최고가는 마포래미안푸르지오 18억 7,000만 원, DMC파크뷰자이 14억 1,000만 원으로 격차가 32.6%로 더 벌어진 것을 알 수 있다. 이보다 흥미로운 것은 하락률의 차이다. 2022년 하락기에 DMC파크뷰자이가 23% 하락하는 동안 마포래미안푸르지오는 14% 하락하는 데 그쳐 마포구의 저력을 확인할 수 있었다.

셋째, 아파트의 투자 수요는 평당가 못지않게 '총액'이 중요하다. 가격이 상승할수록 소형 평형의 평당가는 33평형에 비해 더 상승하며, 이후 하락기에 다시 10~15% 고평가 수준으로 회귀했다. 중요한 것은 아래 표에서 보이듯 9억 원, 15억 원처럼 대출규제 등의 금액적인 임계점을 전후로 투자수익률이 평형별로 달라질 수 있다는 것이다. 상승기에는 비싸질수록 소형 평형의 수익률이 좋다. 결론은 이렇다.

"상승장에는 지역의 대장 단지 소형 평형에 투자하라! 단, 하락장에서는 소형이 더 내려간다."

마포래미안푸르지오 평형대별 수익률 비교(2017~2023년)

시기	33평형 대비 24평형 평당가 수준	설명
2017년 1분기	11% 고평가	
2017년 4분기	14% 고평가	33평형 9억 원 초과 시점
2018년 2분기	6% 고평가	24평형 9억 원 초과 시점
2020년 1분기	18% 고평가	33평형 15억 원 초과 시점
2023년 2분기	13% 고평가	하락기 저점

⑦ 서대문구 DMC파크뷰자이

　서대문구 남가좌동의 DMC파크뷰자이는 2015년 10월에 준공되어 4,300세대가 거주하는 대규모 단지로 서대문구의 대장 단지이다. 가재울 '제4구역 주택재개발정비사업'을 통해 지금의 단지가 조성되었다. 2023년 DMC센트럴자이가 입주하기 전까지 업무지구인 상암DMC의 배후주거지 중 대장 단지 역할을 했다. DMC파크뷰자이가 속한 가재울 뉴타운은 다른 뉴타운 지역과는 달리 대부분 평지 또는 완만한 경사지로 정비 후 주거환경이 우수하고, 존치지역(재정비촉진구역의 요건에 해당하지 않거나 기존의 시가지로 유지 관리할 필요성이 있는 구역) 없이 기반시설까지 체계적으로 정비돼 신도시 느낌을 주고 있어 대표적으로 성공한 뉴타운으로 평가받고 있다.

　DMC파크뷰자이는 업무지구인 상암DMC가 지하철로 2분 거리에 있으며, 여의도까지 17분, 공덕 8분, 광화문 19분대로 서울 서북권의 주요 지역까지 20분 내로 이동이 가능한 비교적 양호한 입지 여건을 가지고 있다. 이 단지는 최고 33층, 61개 동의 초대형 단지로 평형별로는 25평형 481세대, 33평형 2,522세대, 45평형 이상 547세대(공공임대주택 750세대 별도)로 구성되어 있다.

　단지 내 조경율이 38%로 인근 근린공원과 어린이공원 등과 연계되어 총 2만 5,600여 평의 녹지공간을 가지고 있다. 또한 단지 안 산책로가 홍제천까지 이어져 있고 인근에 불광천, 백련산, 매봉산, 궁동근린공원 등이 위치해 쾌적한 주거환경을 자랑한다.

가재울 초등학교와 파출소, 소방서 등 학교와 관공서가 단지 내에 있으며, 특히 인근 뉴타운 최초로 커뮤니티 수영장이 갖춰졌고 실내 골프연습장, 사우나, 피트니스 센터, 어린이 놀이터 등도 있다. 레저 시설과 각종 복합커뮤니티 시설이 2개 동으로 총 2,900여 평이나 들어서 있다.

25평형(DMC파크뷰자이 1단지)

DMC파크뷰자이 25평의 가격 흐름은 세 시기로 구분된다.

가재울의 과거와 현재

서울 서대문구 남가좌동과 북가좌동에 걸쳐 있는 가재울은 서울의 4대 시장 가운데 하나인 모래내시장이 있는 곳으로 다가구·다세대 주택에 2만 1,662가구의 서민을 품은 곳이었다. 가재울은 조선시대부터 사람들이 마을을 이루고 살던 곳인데, 1945년 해방 후 환속 교포의 일부가 남가좌동에 정착했고, 이후 1959년에는 사라호 태풍으로 수재를 입은 이촌동 주민들이 이곳에 왔다. 사람이 모여들고 지역이 활성화되면서 1960년대 후반에는 쓰레기 매립지로 활용되었던 곳에 서중시장과 모래내시장이 생겼고 일산과 능곡 등지에서 생산된 농산물들이 이곳에서 팔려나갔다.[21]

1990년대 이후 가좌동과 모래내시장이 낙후하면서 치안이 불안해지고 이미지가 안 좋아지는 등의 문제가 생기자, 서울시가 수도권 전철 경의선 개통에 맞춰 이 지역 일대에 재개발 사업을 하기로 했다. 그 결과물이 바로 가재울 뉴타운이다. 2003년 2차 뉴타운으로 지정되어 2009년부터 입주를 시작했다.

가재울의 옛 모습(좌)   출처(좌)_서울역사 아카이브 홈페이지
가재울 뉴타운 3구역 조감도(우)   출처(우)_서울시 서대문구

- 상승기: 2016년 2분기~2021년 3분기
- 하락기: 2021년 4분기~2022년 4분기
- 정체·반등기: 2023년 1분기~현재

[상승기: 2016년 2분기~2021년 3분기]

2016년 2분기 평균 거래가격이 5억 1,000만 원을 형성한 후, 2019년 1, 2분기의 일시적 하락을 제외하고는 지속적으로 상승했다. 2020년 4분기에 최초로 10억 원을 돌파하는 등 약 5년간 놀라운 상승을 보여줬다. 분기 평균가격 기준으로 2016년 2분기(5억 1,000만 원)부터 2021년 3분기(12억 원)까지 135.2% 폭등했다. 5년간 가격이 2.3배가 된 것이다. 2021년 3분기 최고가는 13억 원에 이른다. DMC파크뷰자이 역시 다른 아파트 단지들과 유사하게 25평형의 평당가가 33평형에 비해 약 15% 높게 형성되었다.

- 2016년 4분기: 5억 5,000만 원
- 2017년 4분기: 6억 원(+9.1%)
- 2018년 4분기: 8억 1,000만 원(+35%)
- 2019년 4분기: 8억 6,000만 원(+6.2%)
- 2020년 4분기: 10억 6,000만 원(+23.3%)
- 2021년 4분기: 11억 8,000만 원(+11.3%) (역대 최고가: 13억 원)

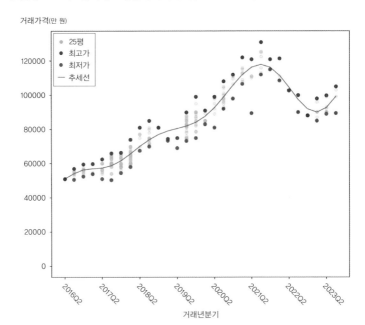

서대문구 DMC파크뷰자이 25평형대 가격 추이(2016년~2023년)

[하락기: 2021년 4분기~2022년 4분기]

다른 단지와 마찬가지로 DMC파크뷰자이 역시 2022년에 거래량이 급감했다. 2022년 1분기 3건, 2분기 1건, 3분기 2건, 4분기 1건으로 2022년을 통틀어 25평은 단 7건 거래되었다. 25평형 세대수가 다른 단지에 비해 많지는 않지만 총 481세대임을 감안하면 적은 수치다. 참고로 2010년대 분기별 거래량은 평균 11건으로 1년 거래량은 44건에 수준이었다.

데이터만을 보았을 때, 2021년 3분기와 2022년 4분기 평균가격을 비교하면 12억 원에서 8억 8,000만 원으로 26.7% 하락했다. 그러나 2022년 4분기의 거래량이 1건에 불과해 이 정도의 샘플로는 대표성이 있다고 말하기 조심스럽다. 한편 해당 시기 거래된 최저가는 8억 8,000만 원으로 이는 2020년 1분기로 회귀한 수준이었다. 2021년 3분기 거래가격 기준 최고가(13억 원) 대비 2022년 4분기 최저가는 32.3% 하락했다.

2016년 이후 상승을 거듭한 DMC파크뷰자이 단지 25평형도 2021~2022년 사이의 폭락기에는 33% 하락을 경험했다. 하지만 그 이전의 누적 상승률이 136%였음을 감안하면 여전히 가격이 높은 수준이다.

[정체·반등기: 2023년 1분기~현재]

2023년 1분기 거래량이 6건, 2분기 9건에 이르면서 거래량이 소폭 증가하고 있다. 평균 거래가격을 보면 2022년 4분기 저점 8억 8,000만 원에 비해 2023년 2분기의 9억 2,000만 원은 두 분기 만에 4.5% 상승했다. 다만 2022년 4분기 최저가(8억 8,000만 원) 대비 2023년 2분기 최고가(9억 9,000만 원)는 12.5% 상승했다. 이 역시 마포래미안푸르지오 단지의 동기간 동일 평형대 상승률 25%에는 크게 못미친다.

33평형(DMC파크뷰자이 1단지)

DMC파크뷰자이 33평은 25평대와 마찬가지로 2016년부터 세 시기로 구분된다.

· 상승기: 2016년 2분기~2021년 3분기
· 하락기: 2021년 4분기~2022년 4분기
· 정체·반등기: 2023년 1분기~현재

[상승기: 2016년 2분기~2021년 3분기]

2016년 2분기부터 2021년 3분기까지 5년 동안 누적 상승률이 127%에 이른다. 이를 거래가격으로 보면 해당 기간 33평형은 평균 6억 3,000만 원(2016년 2분기)에서 14억 3,000만 원(2021년 3분기)까지 상승했다. 상승의 속도에서 완만한 상승 후 급등을 보이는 강남구의 도곡렉슬, 마포구의 마포래미안푸르지오 단지와는 달리 2016년 이후 지속적인 상승세를 보였다. DMC파크뷰자이의 입주 시기가 2016년 이후인 것에서 기인한 차이로 볼 수 있겠다. 연간 상승률에서는 2018년이 29%라는 기록적인 상승률을 보였다. 해당 기간 33평형 최고가는 2021년 3분기의 14억 3,000만 원이다.

· 2016년 2분기: 6억 3,000만 원
· 2016년 4분기: 7억 원(+11.1%)
· 2017년 4분기: 7억 2,000만 원(+2.9%)
· 2018년 4분기: 9억 3,000만 원(+29.2%)
· 2019년 4분기: 10억 2,000만 원(+9.7%)

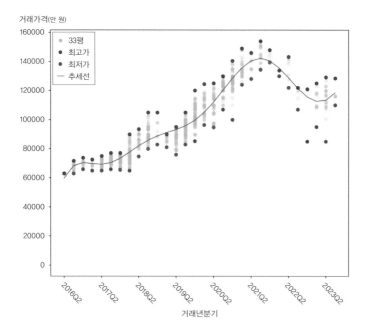

서대문구 DMC파크뷰자이 33평형대 가격 추이(2016년~2023년)

· 2020년 4분기: 12억 6,000만 원(+23.5%)

· 2021년 4분기: 14억 3,000만 원(+13.5%) (역대 최고가: 14억 3,000

만 원)

[하락기: 2021년 4분기~2022년 4분기]

DMC파크뷰자이 33평 역시 하락기 거래량이 매우 적었다. 2010년

대 분기별 평균 거래량은 36건이었으나 하락기 평균 거래량은 5건

에 불과했다. 전고점인 2021년 3분기에는 14건이 거래되다가 가

격 하락이 시작된 2021년 4분기부터 거래량이 급감하기 시작했다. 2021년 4분기 4건, 2022년은 1분기에 2건, 2분기 8건, 3분기 5건, 4분기 3건 수준이었다. 해당 기간 가격은 평균 14억 3,000만 원에서 10억 8,000만 원으로 24.5% 하락했다. 동기간 최저가 10억 8,000만 원은 2020년 1분기 가격에 해당한다.

[정체·반등기: 2023년 1분기~현재]

DMC파크뷰자이 33평 역시 거래량이 2010년대 평균 36건에는 미치지 못하지만 점차 늘고 있다. 2023년 2분기는 18건 정도가 거래되었기에 거래량이 살아나고 있다고 볼 수 있으며 이 정도 샘플은 대표성이 있다고 볼 수 있다. 분기 평균가격 기준으로 10억 8,000만 원에서 11억 4,000만 원으로 5.6% 상승해 완전히 상승기로 돌아섰다고 보기는 어렵지만 시각에 따라 방향성이 바뀌었다고 볼 수도 있다.

DMC파크뷰자이가 주는 인사이트는 다음과 같다.

첫째, 강남구와 달리 1년 늦게 대세상승을 시작했으나 33평형의 경우 2018년에 29%의 기록적인 상승률을 보였다. 전체 투자 규모가 크지 않아서 외부 투자 수요가 몰린 것으로 해석할 수 있다. 늦게 상승을 시작한 만큼 그 기울기가 가팔라진다는 것을 확인할 수 있다.

둘째, 빠르게 오른 만큼 하락도 가파를 수 있다. 33평 기준으로 2021년 3분기 고점에서 2022년 4분기까지 (신저가 기준이기는 하나)

불과 1년 만에 45%의 낙폭을 보였다. 이전의 상승이 유동성으로 인한 오버슈팅(Overshooting, 경세에 충격이 가해졌을 때 시장가격이 일시적으로 폭등하거나 폭락해 균형에서 벗어나는 것)이었음을 확인할 수 있다.

셋째, 이 단지에서도 역시 아파트의 투자 수요는 평당가 못지않게 총액이 중요하다는 것을 확인할 수 있다. DMC파크뷰자이 단지의 경우 전체 기간 동안 25평의 평당가는 33평 대비 약 10% 고평가되는 경향을 보였다. 그런데 가격 상승기에 시장 참여자가 33평형을 매입할 여력이 없는 경우 대체재로 하위재인 25평형의 수요가 늘어나게 되고 점점 가격이 상위 평형에 근접하는 수준으로 상승하게 된다. 구체적으로는 전용 33평형이 대출규제 1차 기준선인 9억 원에 도달한 2018년 4분기에 수요가 25평형으로 이동하는 상황이 나타났다. 25평형의 가격이 추가 상승하여 25평의 평당가가 33평 대비 15% 고평가되는 수준이 되었다. 이는 전 분기 대비 4%p 추가로 고평가된 것이었다. 이후 가격이 계속 올라 25평형이 대출 기준선인 9억 원에 다다르자 반대로 고평가 수준이 4%로 급감하는 것을 확인할 수 있었다. 이처럼 특징적인 가격대는 더욱 유의해서 살펴봐야 한다.

종합하면 DMC파크뷰자이 단지에서도 같은 결론을 얻을 수 있다. "상승기에는 소형 평형에 투자하라!"

⑧관악구 관악드림타운

관악드림타운은 삼성물산과 동아건설산업이 공동으로 시공한 단지로 지하 5층, 지상 10~27층으로 구성되어 있다. 봉천고개 가장 꼭대기에 위치해 있어 인근 아파트에 비해 지대가 높으며, 동에 따라 지하 1층~지상 4층이 다른 아파트의 1층 높이에 해당하기도 한다. 2003년 9월에 입주를 시작한 5,387세대의 대규모 단지인데, 이 중 3,544세대(66%)가 일반 분양 아파트고 1,843세대(33%)가 임대 아파트다. 일반 분양 아파트의 평형대별 구성을 보면 24~25평형 1,044세대, 32~33평형 1,468세대, 38평형 248세대, 42평형 784세대로 30평형대가 가장 큰 비중(48.4%)을 차지하고 있다.

관악드림타운은 단지가 큰 만큼 내부에 어린이집, 유치원도 다수 존재하며 상가도 많이 입주해 있다. 인근에는 구암초등학교, 구암중학교, 구암고등학교가 있다. 단지의 규모가 커서 동에 따라 가까운 지하철역도 다르다. 북쪽 동은 7호선 숭실대입구역, 남쪽 동은 2호선 서울대입구역이 가깝다.

25평형

관악드림타운 25평형대의 2010년 이후 가격 흐름을 보면 크게 3개 시기로 구분된다.

· 정체기: 2010년~2014년 2분기

관악드림타운 지도

출처_네이버지도

관악드림타운 아파트

출처_네이버 부동산

· 상승기: 2014년 2분기~2022년 2분기
· 하락기: 2022년 3분기~2023년 2분기

[정체기: 2010년~2014년 2분기]

관악드림타운은 2010년 1분기 3억 1,000만 원을 기록한 후, 2010년부터 2014년까지 3억 원을 기준으로 움직이다가 2014년 2분기 3억 1,000만 원을 넘어서며 지속적으로 상승했다. 다른 단지들과 마찬가지로 25평형은 2010년 초반 큰 하락을 경험하지 않고 매우 안정적인 모습을 유지했다.

· 2010년 1분기: 3억 1,000만 원
· 2010년 4분기: 3억 1,000만 원(+0%)
· 2011년 4분기: 3억 1,000만 원(+0%)
· 2012년 4분기: 2억 9,000만 원(-6.5%)
· 2013년 4분기: 3억 원(+3.4%)
· 2014년 2분기: 3억 2,000만 원(+6.7%)

[상승기: 2014년 2분기~2022년 2분기]

관악드림타운 아파트는 근 9년에 가까운 상승세를 탔다. 2014년 2분기 3억 2,000만 원에서 2022년 2분기 9억 1,700만 원까지 지속적으로 상승했는데, 총 32분기 동안 직전 분기보다 가격이 낮아진 분기는 6번 밖에 없었다. 이마저도 다음 분기 가격이 상승하면 전전

관악구 관악드림타운 25평형대 가격 추이(2006년~2023년)

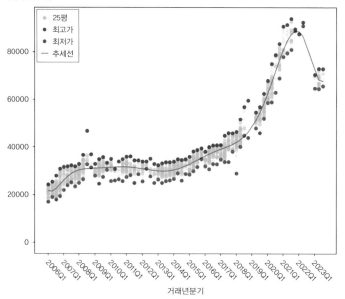

거래가격(만 원)

거래년분기

분기 가격을 회복했다. 어떻게 보면 하락한 것이 일시적인 예외 거래였을 수 있다. 9년간의 누적 상승률은 192%에 달한다.

· 2014년 2분기: 3억 2,000만 원
· 2014년 4분기: 3억 2,400만 원(+1.3%)
· 2015년 4분기: 3억 7,000만 원(+14.2%)
· 2016년 4분기: 3억 8,000만 원(+2.7%)
· 2017년 4분기: 4억 2,000만 원(+10.5%)

· 2018년 4분기: 5억 2,000만 원(+23.8%)

· 2019년 4분기: 6억 7,000만 원(+28.8%)

· 2020년 4분기: 7억 7,000만 원(+14.9%)

· 2021년 4분기: 8억 7,000만 원(+13%)

· 2022년 2분기: 9억 1,700만 원(+5.4%)(역대 최고가: 9억 2,500만 원)

사실 강남권 단지들에 비하면 관악드림타운의 누적 상승률이 낮은 편이나, 여기서 한 가지 재미있는 부분을 발견할 수 있다. 2호선 내부와 외부 아파트 단지의 차이다.

관악구는 구로구, 금천구와 함께 서울시 남서 권역의 서민 아파트 밀집 지역으로 여겨진다. 서울 동북권의 노도성 지역에 필적하는 남서 권역의 거대 서민 아파트 밀집 지역이다. 그런데 관악구는 위치적 장점이 존재한다. 관악구 동쪽으로 GBD(강남 업무지구)가 있으며 북쪽으로 YBD(여의도 업무지구)가 있고 서쪽으로 GGBD(구로가산 업무지구)가 존재한다. 또한 학생과 교직원을 포함해 약 4만 5,000명이 통학, 근무하는 서울대학교가 관악구 남쪽에 자리한다. 서민 아파트 밀집 지역임과 상관없이 매우 뛰어난 업무지구 접근성을 갖고 있다. 따라서 노도성 지역의 대규모 단지들(돈암동 한신한진, 미아 뉴타운 SK 북한산시티)과 비교했을 때, 관악드림타운 아파트는 가격 우위에 있다. 2021~2022년 고점으로 볼 때, 관악드림타운은 9억 1,700만 원(2022년 2분기)으로 7억 4,500만 원(2021년 4분기)의 SK북한산시티, 6억 8,000만 원(2022년 3분기)의 한신한진 등 노도성 지역 비교대상 아파트에 비해 가격이 더 높다.

서울의 아파트 단지들, 특히 강북권 아파트 단지들은 업무지구 집근성이 중요하며 이 때문에 비슷한 연식의 아파트인 경우 2호선 내부와 2호선 외부 소재 아파트 단지들 사이 가격 차이가 존재한다. 물론 2호선 내부가 더 좋다. 돈암동 한신한진과 미아동 SK북한산시티는 2호선 외곽에 위치한다. 이들은 2호선 내부에 위치하는 마포래미안푸르지오, 남산타운, 약수하이츠, 행당대림, 행당한진타운과 비교했을 때 상당한 가격 차이를 보인다.

[하락기: 2022년 3분기~2023년 2분기]

비록 관악드림타운 25평이 최고가를 2022년 2분기에 도달하긴 했으나, 시장의 본질적 흐름을 살펴보면 2021년 4분기부터 혼란스러운 상황이 나타나기 시작했다. 2021년 3분기만 해도 16건이 거래되던 단지에서 2021년 4분기에 갑자기 거래량이 폭감하여 단 2건만이 거래되었다. 이때 가격은 이전 분기 대비 상승했다. 이어 2022년 1분기에는 단 1건이 되면서 가격이 8억 7,000만 원으로 하락했다. 그리고 다시 2022년 2분기 가격이 소폭 오르면서 최고가를 찍은 것이다.

2022년 전체를 보면 거래량 감소가 심각한 상황이었다. 2022년 1분기 1건, 2분기 2건이 거래되었고 3, 4분기는 거래가 전혀 없었다. 관악드림타운이라는 3,000세대 이상 거대 아파트 단지의 25평대에서 1년간 고작 3건이 거래된 것이다. 2023년에 들어서면서 거래량은 1분기 4건, 2분기 19건으로 빠르게 증가하기 시작했지만 가격은 2분기까지 감소했다. 2022년 2분기 9억 1,700만 원에 거래되던 25평이 9개월 만에 무려 2억 3,000만 원이 하락해 6억 8,700만 원에 거래되었다. 이는 25.1% 하락한 것이다. 2분기에도 거래량은 증가했으나 가격은 더 하락해 6억 8,200만 원이 되었다. 2023년 8월 현재 매도호가가 6억 8,000만 원대인 점을 보면 가격 하락이 멈추고 정체로 들어간 것으로 보이나 보다 명확한 상황을 보기 위해서는 좀 더 시간이 필요할 듯하다.

33평형

관악드림타운 33평은 25평대와 달리 5개 시기로 구분된다.

· 하락기: 2010년~2012년 3분기
· 1차 상승기: 2012년 4분기~2015년 3분기
· 2차 상승기: 2015년 4분기~2021년 4분기
· 하락기: 2022년 1분기~2022년 4분기
· 정체 · 반등기: 2023년 1분기~현재

[하락기: 2010년~2012년 3분기]

2010년부터 2012년까지 3년간, 관악드림타운 33평형은 가격이 크게 하락했다. 2010년 1분기 평균 4억 3,000만 원에 거래되었으나 2012년 3분기에는 3억 4,000만 원으로 3년간 누적하락률이 20.9%

관악구 관악드림타운 33평형대 가격 추이(2006년~2023년)

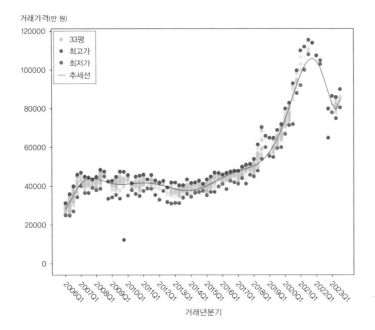

에 이른다. 해당 시기 기록한 최저가는 3억 1,000만 원이었다.

2012년 3분기 가격은 2006년 2분기 가격(당시 최고가)인 3억 6,000만 원보다도 낮은 가격이었다. 즉 관악드림타운은 2010년대 초반 하락기를 경험할 때, 이미 6년 전 가격으로 회귀한 경험이 있었다. 서민 아파트는 대개 고가 아파트에 비해 가격 변동 폭이 작다. 그럼에도 가격이 6년 전으로 돌아갔던 경험이 있다면 향후에도 이런 상황이 반복될 수 있다는 점을 인지해야 한다.

· 2010년 1분기: 4억 3,000만 원

· 2010년 4분기: 4억 원(-7%)

· 2011년 4분기: 4억 원(+0%)

· 2012년 4분기: 3억 7,000만 원(-7.5%)

[1차 상승기: 2012년 4분기~2015년 3분기]

1차 상승기는 2012년 4분기부터 2015년 3분기까지이다. 다른 단지들과 마찬가지로 25평형에 비해 2010년 가격에 도달하는 데 걸린 기간이 더 길다. 대략 1년이 더 걸렸다.

· 2012년 3분기: 3억 6,000만 원

· 2012년 4분기: 3억 7,000만 원(+2.8%)

· 2013년 4분기: 3억 9,000만 원(+5.4%)

· 2014년 4분기: 3억 9,900만 원(+2.3%)

· 2015년 3분기: 4억 3,500만 원(+9%)

[2차 상승기: 2015년 4분기~2021년 4분기]

2차 상승기에 관악드림타운 33평은 지속적으로 상승했다. 2015년 4분기 4억 4,000만 원에서 2021년 4분기 11억 4,000만 원까지 누적해 161% 올랐다. 해당 24분기 중 직전 분기보다 가격이 떨어진 분기는 세 분기에 불과하다. 매우 안정적으로 지속적인 상승을 보여준 시기였다. 해당 기간 33평형 최고가는 11억 5,500만 원으로

2021년 3분기에 거래가 발생했다.

- · 2015년 4분기: 4억 4,000만 원
- · 2016년 4분기: 4억 6,000만 원(+4.5%)
- · 2017년 4분기: 4억 9,600만 원(+7.8%)
- · 2018년 4분기: 6억 3,500만 원(+28%)
- · 2019년 4분기: 6억 7,000만 원(+5.5%)
- · 2020년 4분기: 9억 4,000만 원(+40.3%)
- · 2021년 4분기: 11억 4,000만 원(+21.3%)(역대 최고가: 11억 5,500만 원)

[하락기: 2022년 1분기~2022년 4분기]

관악드림타운 33평은 25평과 비슷하게 하락기 거래량이 매우 적었다. 2021년 3분기 7건 거래 후, 2021년 4분기 분기 평균 최고가(당시 1건 거래)를 찍은 후, 2022년부터 거래량이 급락했다. 2022년 1분기 1건, 2분기 2건, 3분기 0건, 4분기 4건으로 한 해 동안의 거래량은 7건에 불과했다. 2010년대 평균 거래량이 분기별 23건이었으니 한 해 거래량이 분기별 거래량의 3분의 1도 안 된 것이다. 특히 33평은 2022년에 가격이 급락했다. 2021년 4분기 11억 4,000만 원(분기 평균 최고가)에서 2022년 4분기 7억 6,000만 원으로 하락하면서 누적 하락률이 33.3%에 달했다.

해당 기간 최저가는 6억 5,000만 원으로 이는 2018년 가격으로 회귀한 것이었다. 직전 최고가(11억 5,500만 원)와 최저가(6억 5,000만 원)를 단순 비교해보면 누적 하락률은 43.7%의 폭락 수준이었다.

[정체·반등기: 2023년 1분기~현재]

다행히 관악드림타운 33평은 최악의 상황은 벗어난 것 같다. 거래량이 2023년 1분기 6건, 2분기 16건으로 과거 분기별 평균 23건에는 못 미치나 상당히 회복하는 중이다. 2022년 4분기 단기 급락 이후 주택담보대출 금리 인하 등으로 매수세가 붙은 것으로 보인다. 다만 분기별 최저가는 7억 8,000만 원에서 7억 5,000만 원으로 오히려 하락한 만큼 반등 여부의 판단에는 시간이 필요해 보인다.

· 2023년 1분기: 8억 원
· 2023년 2분기: 8억 1,000만 원(+1.3%)

대장 단지 분석으로 보는 5가지 인사이트

①소형 평형대의 뛰어난 안정성

각 단지별 25평형은 2010년대 초반의 부동산 하락기에 매우 선방했다. 8개 대장 단지 중 2010년 이전에 건설돼 2010년대 초반의 부동산 하락기를 경험한 곳은 반포자이, 도곡렉슬, 잠실 엘리트, 남산타운, 관악드림타운의 5단지이다. 이들 모든 단지의 25평형은 2010년대 초반 심각한 가격 하락을 경험하지 않았다. 약간의 하락이 있었더라도 대개 정체로 보는 것이 맞을 정도로 강한 하방경직성을 보여줬다. 2021년 후반부터 2023년 1분기까지의 폭락기는 모두 가격이 하락했으나, 이는 2020년 이후의 저금리 기조로 인한 자산가치 대폭등 이후의 가격 조정 장세였다. 따라서 일반적인 시장 상황에서 25평은 33평형에 비해 매우 안정적인 흐름을 보여준다고 봐야 한다.

②소형 평형대의 높은 상승률

소형 평형대는 오른쪽 표에 보이듯 대부분의 단지에서 33평형대 누적 상승률보다 높다. 준공 시기가 늦은 왕십리 뉴타운과 마포래미안푸르지오, 서대문 DMC파크뷰자이는 2016년 대비 누적 상승률을 비교했다. 왕십리 뉴타운을 제외한 모든 단지에서 25평의 상승률이 33평형보다 높다. 도곡렉슬은 25평형은 205% 상승으로 33평형의 147% 상승보다 높으며, 33평형 세대수가 압도적인 엘리트에서도 25평이 조금 높은 수준이다. 왕십리 뉴타운의 25평형 상승률은 33평형에 비해 낮으나 그 차이는 미미하다.

③ 지역별 가격 차이의 확대

지역별 가격대의 차이는 명확하게 존재한다. 25평형 기준 가장 높은 가격대를 보여주는 단지는 반포자이다. 반포자이는 같은 강남권의 도곡렉슬과 상당한 격차를 보여주며, 이 격차는 4~5년 전에 비해 확대되었다. 반포동 전체가 재건축으로 새로운 지역으로 바뀌면서 신축에 의한 프리미엄 지역으로 변한 것인지는 살펴볼 과제다.

5개 대장 단지 누적 상승률 비교(2010년 대비 2021년 고점)

	도곡렉슬	반포자이	엘리트	남산타운	관악드림타운
25평형	205%	227%	161%	231%	192%
33평형	147%	170%	153%	162%	165%

3개 대장 단지 누적 상승률 비교(2016년 대비 2021년 고점)

	왕십리 뉴타운	마포래미안푸르지오	DMC파크뷰자이
25평형	147%	153%	136%
33평형	151%	137%	128%

25평형을 기준으로 송파구 엘리트는 강남구의 도곡렉슬과 가격 차이가 존재하지 않았다(33평형은 과거부터 두 단지 간 격차가 존재했고 현재까지 유지되고 있다). 두 단지는 2010년 대략 7억 원 중반대를 유지했고, 2018년까지도 13억 원 후반대로 비슷한 상황이었다. 그러나 2019년 이후 격차가 벌어지고 있다. 강남·서초 권역과 송파·강동 권역의 분화를 보여주는 것으로 보인다. 따라서 매우 미시적 공간 차원에서도 가격 차이가 확대될 가능성이 높다.

④ 업무지구 접근성의 중요성

8개 단지 모두 업무지구와 접근성이 상당히 좋은 단지들이다. 도곡렉슬과 반포자이는 강남 업무지구 한가운데 위치하며, 엘리트는 강남 업무지구 바로 인근이다. 왕십리 뉴타운은 종로·중구 업무지구와 성수 업무지구의 중간에 위치하며, 남산타운은 종로·중구 업무지구와 강남 업무지구 사이에 있다. 마포래미안푸르지오는 종로·중구 업무지구와 여의도 업무지구 사이에 있으며 인근의 공덕동에도 효성을 비롯한 다양한 기업들이 위치한다. 서대문 DMC파크뷰자이는 기존의 Big3 업무지역(종로·중구, 강남, 여의도)과는 지리적 거리가 있으나, 미디어 중심으로 성장하는 상암DMC 업무지구와 콘텐츠 산업의 메카인 홍대·합정 지구와 가깝다. 관악드림타운은 여의도 업무지구와 구로·가산 업무지구 인근에 위치한다.

이러한 거대 업무지구를 잇는 대중교통망이 '2호선'이다. 2호선은 강남, 잠실, 성수, 을지로·광화문, 홍대·합정 지구를 연결한다. 또한 2호선에는 서울대학교, 건국대학교, 한양대학교, 이화여자대학교, 서강대학교, 연세대학교, 홍익대학교 등 많은 대학이 있다. 따라서 자체 업무지구가 거대하게 자리 잡은 강남을 제외한 다른 지역은 2호선 내부와 외부를 기준으로 아파트 시장이 분화될 가능성이 높다.

또한 강북 지역이 강남에 비해 학군이 다소 열위에 있음에도 '업무지구 접근성'이라는 더욱 중요한 요소가 아파트 가격에 상당한 영향을 주고 있다. 마포래미안푸르지오의 가격대는 잠실 엘리트보다는 낮지만, 강동구 대표 단지인 고덕그라시움, 고덕아르테온, 강동롯데캐슬퍼스트에 비해 높다. 종로·중구 업무지구와 가까운 경희궁자이 역시 규모는 1,000세대 남짓의 약간 작은 단지인데, 엘리트와 비슷한 수준의 가격대다. 강북 업무지구 접근성이 어느 정도 영향력을 발휘하고 있음을 보여주는 대표적인 사례다. 향후 도시개발계획 전략과 방향에 따라 강북 지역에서도 강남 수준의 생활권이 형성될 수 있음을 보여준다.

⑤ 임대 아파트 존재 여부와 가격

남산타운 아파트는 5,150세대 중 2,034세대가 SH가 보유한 임대 아파트다. 단지 내 39.5% 물량이다. 남산타운 25평형은 2010년 대비 2021년 고점의 누적 상승률이 231%로 강남권 상승률과 거의 동일하다. 강동구 아파트에 비해서는 훨씬 높다. 남산타운 바로 옆 약수하이츠 역시 2,282세대의 대단지 아파트인데 임대 아파트가 684세대로 30%를 차지한다. 약수하이츠도 2010년 3억 6,000만 원에서 2021년 11억 7,000만 원으로 225%의 누적 상승률을 보여줬다.

남산타운과 약수하이츠는 둘 다 대단지라는 메리트와 약수역이라는 대중교통망 그리고 뛰어난 종로·중구 및 강남 접근성이 있는 곳이다. 이처럼 강력한 어메니티가 존재하는 단지는 임대 아파트 세대 수가 아무리 많더라도 이를 넘어서는 강한 상승 동력이 존재한다.

Part

5

2024년 부동산 가격 大예측

부동산 가격 大예측

1

서울시 집값 시나리오

서울시 정부와 중앙정부에서 2025년 이후 부동산 공급에 대해 제대로 대처하지 않는다면, 2025년 이후의 저조한 신규 아파트 공급은 2010년대 중후반의 부동산 시장 상황을 재현하며 집값이 상승할 가능성이 크다.

한국, 중국, 미국 변수의 콜라보레이션

2024년 가격 예측은 부동산 시장의 본질적 부분보다는 부동산을 둘러싼 외부 환경에 의해 절대적으로 움직일 것으로 보인다. 외부 환경만 하더라도 중국 부동산 및 경제위기, 미국 경기 성장 여부와 기준금리 인하 시점, 2024년 대한민국 정치 이벤트(국회의원 선거), 가계부채, PF대출 관련 신용경색 여부 등 여러 측면이 있다. 그리고 이 모든 요소들은 부동산 시장 참여자들이 직접적으로 선택할 수 있는 옵션이 아니다.

2020년부터 2022년까지는 다양한 변수들이 존재했음에도 0%대 기준금리로 인한 '유동성'이라는 변수가 절대적인 힘을 미쳤던 시기다. 이때는 사실 유동성에 따른 가격 영향을 시뮬레이션해보면 되었다. 어떻게 보면 예측을 하기 쉬웠던 것이다. 필자가 2년 전《부동산 트렌드 2022》에서 2022년 서울시 부동산 가격 15~20% 하락을 주장했던 근거는 2021년 집필 당시 필자가 바라보았던 2022년 한국과 글로벌 경제 상황에서 기인했다. 미국과 한국 모두 인플레이션이 심각해지고 있었고 이에 대한 금리 대응으로 부동산 가격이 하락할 가능성이 높다고 보았다.

그러나 2024년은 완전히 다르다. 너무나 많은 변수들이 맞물린 불확실성의 해이기 때문이다. 예측이 매우 힘들며, 예측 결과가 그대로 적용될지의 여부도 (개인적인 고백으로는) 가늠하기 어렵다. 그렇다고 아무런 준비도 안 하고 손 놓을 상황은 아니다. 2024년 가격 예측은 필자가 미국 상업용 리서치회사에서 개발했던 예측 모형을 일부 고도화했다. 사실 모형의 고도화보다 더 중요한 부분은 '미래 발생 상황을 어떻게 가정하느냐'에 있는데, 2024년에 눈여겨볼 부분은 크게 두 가지다. '금융' 부분과 '부동산 공급' 부분이다.

금융 부분은 국고채 금리와 연결된다. 앞서 여러 차례 설명했지만, 2022년부터의 부동산 가격 움직임은 기준금리와 다르게 움직이는 시장금리(국고채 금리)의 방향이 결정적이다. 따라서 지금부터는 기준금리를 결정하는 한국은행의 입장도 매우 중요하나 시장 상황에 적응해 움직이는(혹은 변동 폭이 큰) 국고채 금리에 더욱 주목해야 한다.

언급했던 여러 외부 환경은 국고채 금리와 연결되는 것으로 인식해 시나리오를 구축할 수 있다. 중국 부동산 및 경제위기가 상당히 심각해지는 경우, 해외 투자자들이 한국을 중국과 연계된 나라로 인식해 대한민국의 국가 리스크가 증가하고 국고채 금리가 상승할 수 있다. 반대로 중국 관련 변수가 안정화되는 경우 금융시장에 미치는 영향은 매우 적을 것이다. 즉 중국 변수는 국고채 금리 '상승' 혹은 '영향 없음'이라는 결과로 나뉘어 나타날 것이다.

미국의 경우, 경제가 계속해서 강하고 역대급으로 낮은 실업률이 지속되며 인플레이션이 이어진다면 미국 기준금리가 상승할 것이다. 이렇게 되면 일반적으로 한국 기준금리 상승으로 연결되는 것이 정상일 것이다. 그런데 현재 국고채 금리를 보면 미국에 버금가는 국고채 금리를 유지하는 국가는 인플레이션이 굉장히 심각한 영국 정도이다. 한국은 현재 미국과 기준금리 격차가 벌어졌음에도 (단기적으로 환율이 요동친 적은 있으나) 나름대로 격차를 유지하면서 국고채가 안정적인 수준을 보여주고 있다. 미국이 만약 금리를 많이 올리지 않는다면 미국 기준금리 인상 효과는 우리에게 반영되지 않을 수 있다.

역으로 미국이 기준금리를 동결 기조로 가는 경우, 투자자들이 기준금리 인하 시점을 논의하며 상황이 바뀌기 시작할 것이다. 이는 한국은행 기준금리 인하에 영향을 줄 가능성이 있다. 미국과 관련해서는 기준금리 인상보다는 기준금리 인하 시점이 언제가 될 것이냐가 중요할 것이다. 따라서 미국 변수는 대한민국 국고채 금리 인하 시점과 관련된다고 할 수 있다.

우리나라 정치 이벤트의 경우, 기준금리 인하를 통해 시중에 더 많은 자금을 유통시켜 경제활성화를 이끌어야 한다는 당위적 주장으로 연결될 것이다. 다만 가계부채 증가 등으로 인해 기준금리 인하가 빠른 시일 내에 가능할지는 지켜봐야 한다. 결국 정치 이벤트는 기준금리 인하를 요구할 수 있으나, 특례보금자리론과 50년 만기 주택담보대출을 통해 부동산 시장 참여자들의 열망과 부채 증가 가능성을 지켜봤기 때문에 이것이 실제로 가능할지는 매우 유동적이다.

또한 PF대출 연장이 실제로 문제화가 되면, 금융권 신용경색으로 이어지며 국고채 금리가 상승할 수 있다. 그러나 문제 PF 사업장이 많지 않거나 사태가 잘 해결된다면 금융시장은 안정적인 상황으로 흐를 것이다. 따라서 2024년의 시나리오는 국고채 흐름이 어떻게 되느냐와 그와 연동된 주택담보대출 금리의 흐름에 좌우될 것이다.

금리에 더해 서울시의 적정 주택 공급량과 해당 시점의 공급 수준의 차이를 살펴보았다. 주택 시장은 평균회귀 경향이 존재하는데, 서울시의 경우 인구가 1990년대부터 대략 1,000만 명을 기점으로 움직이고 있다. 물론 1인 가구수가 빠르게 증가하고 있으나, 과거보다 더 젊은 세대에서 아파트 시장에 참여하고 있기 때문에 신규 아파트 물량에 대한 수요는 항시 존재한다고 가정할 수 있다. 사람들의 소득이 조금씩 증가하고 있으며 인플레이션이 존재하는 현재, 수요를 충족시킬 새로운 주택의 공급은 매우 중요하다. 따라서 전 시기를 통틀어 신규 아파트 공급에 대한 적정 수준이 존재할 수 있으며, 이 적정 수준보다 신규 아파트 공급이 많다면 과다공급이 발생한다. 그렇다면 가격은 하방 압력을 받게 된다. 정반대로 적정 수준보다 신규 아파트 공급이 적다면 과소공급 상황이기에 가격은 상승 압력을 받는다. 2010년대 중반 이자율이 상대적으로 높은 상황에서도 주택 가격이 오른 것은 신규 아파트 공급이 적었던 탓이었다.

2024년 부동산 시장의 2가지 시나리오

이처럼 필자의 시뮬레이션 모형은 수요와 공급에 대한 가정 후, 금리 영향에 대한 가격 반응을 살펴본 것이다. 2024년 서울시 아파트 가격 시나리오는 크게 2개로 나뉜다.

첫째, 위기가 지속되는 상황이다.

2023년 후반 중국 문제가 심화되고 가계부채 상승에 대한 정책적 대응으로 기준금리 인하가 힘들어지며, 2024년 중반 PF 사태가 금융시장에 충격을 주는 경우다. 이 시나리오를 따르면 (국고채 금리에 영향을 받는) 주택담보대출 금리는 2023년 상반기부터 조금씩 상승해 2024년 2분기 4.7%대에 이르고 4분기 대략 4.5%에 이른다. 즉 현재부터 2024년 가을까지 금리가 지속적으로 상승 후 약간 하락하는 시나리오다. 최악의 상황임에도 주택담보대출 금리를 4.7%로 잡은 이유는 2022년 하반기 레고랜드 사태로 금융시장이 비상 상황이었을 때의 주택담보대출 금리를 가정한 것이다. 여기서 필자가 사용한 주택담보대출 금리는 한국은행에서 발표하는 신규 주택담보대출

2024년 서울시 아파트 매매가격 시나리오

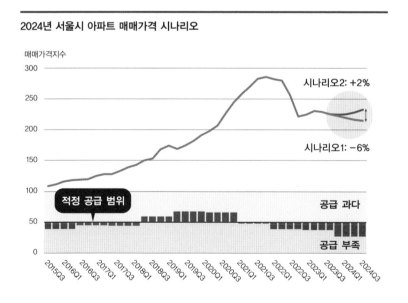

금리 평균이다. 따라서 개인 신용에 따라 이보다 높은 금리를 적용받는 경우가 충분히 존재할 수 있다. 그럼에도 과거 신규 주택담보대출 금리 평균 데이터를 활용한 만큼, 금리가 2023년 2분기(자료 기준 4.24%)보다 얼마나 높아지느냐가 더 중요하다. 이 경우 서울시 아파트 가격은 2023년 2분기보다 대략 6% 하락한다.

두 번째는 위기 대응을 잘하는 경우다.

성공적인 대응이라 해도 가계부채에 대한 염려가 존재하기에 2023년은 기준금리 인하를 가정하지 않았다. 따라서 현실적으로 2023년 4분기 주택담보대출 금리는 4%대 중반까지 일부 상승한다고 가정했으며, 2024년 1분기부터 주택담보대출 금리가 서서히 낮아져 4분기에는 3.8%에 이르는 것으로 보았다. 이 경우 서울시 아파트 가격은 2023년 2분기보다 2% 정도 상승한 수준이다.

필자의 2023년 하반기 가정(주택담보대출 금리가 2023년 2분기보다 상승해 4%대 중반에 머무름)이 주택 가격 상승을 억누르기에, 아무리 좋은 시나리오더라도 2024년부터 가격이 서서히 오르는 것으로 나타났다.

2024년을 맞는 투자자의 전략

①다른 경제 상황에도 불구하고 가계부채에 대한 염려로 2023년 하반기 주택담보대출 금리가 상승하면서 주택 수요가 잡히고 가격이 정체(혹은 소폭 하락)될 가능성이 높고, ②2023년 하반기 주택담보

대출 금리가 어떻게 되느냐에 따라 시장 상황이 일부 바뀔 가능성이 있다. ③그럼에도 불구하고 -6%에서 정체 수준이다. 이 정도 차이는 아파트 매매 과정에서 거래를 어떻게 하느냐에 따라 충분히 극복 가능하다. 예를 들어 10억 5,000만 원 호가 매물을 거래하며 10억 원 선에 최종 거래가 이루어지는 경우가 있는데, 그렇다면 5% 가량 싸게 매입한 것이다.

앞서 지속적으로 이야기했지만 서울시 정부와 중앙정부에서 2025년 이후 부동산 공급에 대해 제대로 대처하지 않는다면, 2025년 이후의 저조한 신규 아파트 공급은 2010년대 중후반의 부동산 시장 상황을 재현하며 집값이 상승할 가능성이 크다.

2024년은 가격 정체 혹은 일부 하락이 이루어지더라도 본인이 실거주자라고 하면 이후 상황을 고려해 전략적으로 대처해야 한다. 특히 현재 전세 거주자의 경우, 2022년의 전세가격 대폭락은 기억에서 지워야 한다. 전세가격은 항상 인플레이션만큼(혹은 그 이상) 상승해왔다. 본인 거주 단지의 25평 혹은 33평 분기별 평균 전세가격을 보면 2021년 하반기와 2022년의 전세 폭락이 아주 예외적이라는 것을 이해할 것이다. 따라서 인플레이션만큼 전세가격 상승 압력이 존재하는 상황에 신규 주택 물량이 없어진다면, 투자자는 그 상황이 오기 전에 매수 여부를 판단해야 할 것이다. 위험추구형 투자자는 불확실성의 시기에 위험을 감수하고 투자하는 경향이 있는 만큼, 지금도 매수에 들어갈 수 있을 것이다. 반면 위험회피형 투자자는 불확실한 상황이 걷히는 2025년에 시장 참여를 고민할 것이다.

대한민국 부동산 시장이 가야 할 방향

중산층 이하 서민 계층의 주거복지는 심각하게 타격받을 것이며, 2020년 전세가격과 매매가격 폭등을 경험한 가구는 자신의 경제상황을 고려하지 않은 채 매우 위험한 선택을 할 수도 있다. 이는 결국 버블로 이어져 가계소비 여력마저 후퇴시킬 수 있다.

보금자리를 위협하는 입주 절벽

필자는 2024년 서울시 아파트 가격에 대해 정체(-6%~+2%)를 예상하고 있다. 물론 전혀 예상하지 못한 변수가 등장한다면 시장은 정체가 아닌 큰 하락이 나타날 수도 있다. 그러나 다양한 시뮬레이션 결과 서울시 부동산 시장은 2025년 이전과 이후가 매우 다를 가능성이 크다. 2024년에 필자의 예상을 넘어선 하락이 발생한다고 하더라도 2025년은 하락이 아닌 정체 혹은 2023년 초와 같은 반등 가능성이 크기 때문이다.

현재 필자가 매우 염려하는 부분은 2025년 이후의 입주 물량과 더불어 2022~2023년의 입주 물량이다. 2022~2023년 입주 물량도 사실 역대 평균보다 적다. 2022년은 지난 평균에 비해 1만 세대, 2023년은 1만 1,000세대 부족한 상황이다. 강남권에 대규모 아파트 단지가 등장했다고 해도 서울시 전체 입주 물량이 역대 평균 대비 적다면, 강남권 전세가격은 단기간(3~6개월) 하락할지라도 서울시 전체 차원의 전세가격은 상방 압력을 받게 된다. 2023년 현재 많은 사람들이 심각하게 느끼지 못할 수 있으나, 서울 전체의 전세가격이 슬금슬금 오르는 지금의 상황은 매우 우려되는 신호이다. 2010년대 후반부터 약간의 시차를 두고 전세-매매가격 동조화가 나타나고 있기 때문이다.

2024년 입주 물량은 평균 대비 2만 세대가 부족하다. 사람들은

2024년부터 입주 물량 부족으로 인한 전세가격 상승을 체감할지 모른다. 2025년은 대략 1만 7,000세대가 부족한데 이 중 강동구 둔촌 주공 물량(1만 2,000세대)을 제외하면, 강동구를 제외한 서울 전역에 나오는 물량이 5,000세대에 불과하다. 2026년 입주 물량은 더욱 심각하다. 따라서 서울에 살고 있는 자라면 본인 주변의 거대 아파트 단지(2,000세대 이상) 25평 혹은 33평 단일 평형대에서 전세가격 흐름이 어떻게 움직이는지를 반드시 확인해야 한다.

전세가격이 상승할 때 매매로 갈아탈 수 있는 자산층은 큰 문제가 없으나, 문제는 중산층 이하 서민 계층이다. 이들의 주거복지는 심각하게 타격받을 것이며, 2020년 전세가격과 매매가격 폭등을 경험한 가구는 자신의 경제상황을 고려하지 않은 채 매우 위험한 선택을 할 수도 있다. 이는 결국 버블로 이어져 가계 소비 여력마저 후퇴시킬 수 있다.

사실 부동산 정책의 목표는 중산층 이하의 서민 주거복지를 어떻게 향상시키느냐다. 부유층 소유 부동산 가격을 잡는 것이 정책 목표일 수는 없다. 어차피 정부는 시장을 이길 수 없기 때문이다. 그렇다면 정부는 중산층과 서민의 주거복지 향상에 심혈을 기울여야 한다. 그 대책은 반드시 2025년 이전에 시장에 나와야 하고, 참여자들이 이의 위중함을 깨닫게 하면서 시장을 선제적으로 진정시켜야 한다.

서민 주거복지를 위한 정책 제언

필자가 제안하는 정책은 크게 5가지다.

첫째, 정부 주도의 거대한 리츠(REITs)를 만들어야 한다. 사실 우리나라는 정부가 임대료(전세 혹은 월세)를 제어할 수 있는 물량이 너무 부족하다. 정부가 제어할 수 있는 물량이 적다면 시장은 민간이 주도하는 방향으로 갈 수밖에 없다. 임대차3법이 임차인의 권리를 4년간 안전하게 보호한다고 할지 모르나 서구 유럽과 미국에 비해서는 여전히 임차인의 지위가 턱없이 약한 처지다. 전세는 물량과의 싸움이다. 입주 물량이 적다면 정부가 관여할 수 있는 물량이라도 많이 확보해야 한다.

그런데 서울은 토지 가격이 비싸고 주변의 반대가 심해 LH나 SH가 직접 개발, 운영하는 공공임대주택 건설이 수월하지 않다. 따라서 정부가 민간 아파트를 많이 매입하는 정책으로 가야 하며 그러기 위해서는 재원이 필요하다. 이를 리츠 형태로 해결하자는 것이다. 국민연금처럼 국내 자산운용사에 기금을 운영하게 하는 방식으로 정부 주도의 모(母)리츠가 존재하고, 여러 자(子)리츠 운영회사들이 민간 아파트를 매입하고 운영하게 하는 방식이다. 사실 2021년 하반기와 2022년을 제외하면 서울 아파트의 전월세는 지속적인 우

♀ 부동산 간접 투자 상품의 하나. 공모를 통해 일반 투자자들로부터 자금을 모아 부동산과 부동산 관련 유가 증권에 투자한 뒤 운용수익을 투자자들에게 배당한다.

상향 트렌드가 있었기에, 그렇게 매입한 주택의 임대 수입 안정성은 보장될 것이다. 이는 요구수익률이 높지 않으니 안정적 수입원을 원하는 보험회사와 외국계 회사들에도 매력적으로 보일 수 있다. 또한 운영 물건의 10~20% 정도를 매매하면서 지속적으로 리츠가 수익률을 내고 규모 자체를 키울 수도 있다.

다만 가격이 상승하는 시기에 리츠를 통한 매입은 시기적으로 적절하지 않을 수 있다. 필자는 지난 2022년에도 리츠 정책을 제안했었다. 당시의 이유는 2022년과 같은 가격 하락기에 리츠가 아파트들을 매입하는 경우, 가격 하락을 일정 정도 방지하는 버퍼 역할을 하기 때문이었다. 그러나 현재와 같은 가격 반등기에 리츠를 민간 아파트 매입 위주로 운영한다면 아파트 가격 상승의 견인차가 될 수 있다.

그렇다면 리츠를 유연하게 운영하면 된다. 가격 상승기에 '개발' 리츠(민간 아파트 개발에 투자해 물건 확보)의 형태로 운영하고, 가격 하락기에 민간 아파트 '매입' 위주의 운영 방식으로 가면 된다. 이렇게 정부 주도의 거대한 리츠는 전세 폭등기에 리츠 자체의 아파트 물량을 통해 전세 폭등을 방어하는 버퍼 역할을 할 것이다.

둘째, 서울 내부와 인근의 토지를 대규모로 확보하는 랜드 뱅킹(Land Banking) 전략을 빠르게 도입해야 한다. 과거 정권은 부동산 폭등이 벌어지고 있음에도 물량을 내놓을 수 있는 방법을 찾지 못하고 허둥

댔다. 수단이 없었기에 거의 방관자와 같은 처지였다. 그러나 정부가 즉각적으로 부동산 개발에 들어갈 수 있는 대규모 용지를 확보하고 있다면 이야기가 달라진다. 여기서 중앙정부와 지방자치단체의 협업이 중요하다. 제아무리 중앙정부 소유 토지더라도 지방자치단체 의견이 다르다면 제때 아파트 공급이 불가하다. 중앙정부 유관 기관(코레일 등)이 거대 유휴 부지를 갖고 있다고 한들, 해당 부지의 도시계획 권한(토지 용도 변경과 용적률 변경 등) 대부분은 지방자치단체(서울시)가 갖고 있다. 만약 중앙정부와 지자체 리더의 정당이 다르다면 부동산 개발 논의는 매우 지지부진할 것이며, 정당이 같더라도 리더의 입장이 다르면 공염불이다. 따라서 중앙정부와 서울시는 서울시 내부와 인근 대규모 유휴지를 아파트 개발이 즉각 가능한 형태로 준비해야 한다. 문제가 발생한 상황에서 "서울시를 비롯한 관계 기관과 상의 후 말씀드리겠습니다." 따위의 변명을 듣기에는 이미 사람들이 지친 상태일 수 있다. 상황이 위중하면 서울 인근의 그린벨트 중 실질적으로 '그린(Green)' 기능을 상실한 지역을 선제적으로 확보하는 급진적인 방식도 고려해야 할지 모른다.

아울러 정부가 토지를 거대하게 비축하고 있는 경우, 정부는 토지를 자산으로 활용하며 토지 디벨로퍼로서 개발에 참여해 지분을 갖고, 미래에 발생할 이익을 향유할 수 있다. 작금의 정치권에서 벌어지듯 미래 이익을 온전히 민간이 가져가게 하는 병폐를 극복하는 것이다.

셋째, 저렴한 토지 기반 아파트 대량 공급 정책이다. 토지 가격이 상대적으로 저렴한 유휴지(기능을 상실한 그린벨트 포함)를 기반으로 대량의 민간 아파트 분양과 공공이 컨트롤하는 임대 물량을 공급함으로써, 기축 아파트 시장의 관심을 분양 아파트 시장으로 돌리게 하는 것이다.

미국의 주택 시장은 크게 신규 주택 판매 시장(New Home Sales)과 기존 주택 매매 시장(Existing Home Sales)으로 나뉜다. 대개가 건물을 짓고 판매하는 후분양이기에 신규 주택 공급량과 판매가격이 전 주택시장에 미치는 영향이 크다. 신규 주택 공급량이 많다면 기존 주택 매매가격을 비롯한 전 주택 가격은 즉각적인 하방 압력을 받는다. 우리의 경우 분양은 후분양이 아니라 건물을 짓기 전 판매하는 선분양 시스템이다. 우리의 분양 시장은 미국의 신규 주택 판매 시장과는 주택 공급 시기가 다르다. 그럼에도 특정 시기 후에 나오는 공급량을 제외하면, 분양 주택의 입주 물량과 분양가격은 마찬가지로 전 주택 시장에 영향을 주게 된다.

분양 아파트 시장과 기축 아파트 시장으로 구분되는 우리나라 주택 시장에서, 만약 미래 분양 아파트 물량이 상당하거나 분양 아파트 가격이 기축 아파트에 비해 저렴하면 사람들은 기축 아파트 대신 분양 아파트 당첨에 더 큰 관심을 가질 수밖에 없다. 기축 아파트 가격이 8억 원에서 10억 원으로 급등했는데, 저렴한 토지 기반 민간 아파트를 7억 원에 분양한다면 주택 수요자는 분양 시장으로 옮겨 갈 수밖에 없는 것이다.

다만 여기서 살펴볼 것은 그 주택이 ①시장 참여자들이 원하는 3~4인 가구가 거주하는 유형(1인 가구 위주의 역세권 청년주택이 아닌 아파트 유형)인지, ②시장 참여자들이 미래 공급량이 충분하다고 인식하는 규모인지, ③강남과 인접한 지역인지 등이다.

제1기 신도시(특히 분당)는 강남과 가까웠기에 강남 가격을 잡을 수 있었다. 그러나 제2기 신도시는 강남과 상당한 거리가 있었고 이들 신도시들은 해당 신도시가 속해 있거나 인접한 경기도 기존 도시들의 가격을 끌어내렸을 뿐이다.[22] 인플레이션으로 인해 아파트 건설비용이 급격히 상승한 지금은 토지비가 매우 저렴해야 건설이 가능한 만큼, (기능 상실 그린벨트를 풀더라도) 저렴한 국공유 유휴부지를 바탕으로 분양가를 낮추는 방안을 고민해야 한다. 이를 통해 사람들의 관심을 기축 아파트가 아니라 분양 아파트 시장으로 돌려야 한다.

넷째, 전세의 반(半)전세화를 제도화해야 한다. 2023년 8월 현재 전세가격이 슬금슬금 오르고 있다. 2024년 매매가격이 정체 혹은 일부 하락한다면 매매와 전세의 갭이 좁혀질 수 있다. 그리고 갭투자가 더욱 성행한다면 전세가격이 매매가격을 밀어 올리는 2010년대 중후반의 상황이 재현될 수 있다. 따라서 갭투자 방지를 위해서라도 전세의 반전세화가 상당 부분 진행되어야 한다. 예를 들어 아파트 가격의 절반까지를 보증금으로 인정하고 그 이상은 집주인과 세입자가 월세 부분을 결정하게 하는 것이다. 사실 지금 신문에서 나오고 있는 전세의 월세화는 실상 전세의 반전세화이다. 따라서 반전세가 더 많아지도록 제도화해야 한다.

문제는 아파트 가격을 어떻게 추정할 것이냐인데, 이는 프롭테크[♥] 기술을 활용하면 문제가 되지 않는다. 필자의 연구실은 머신러닝을 활용해 서울 전역 모든 필지의 토지 가격을 추정해 이를 논문으로 발표했다.[23] 일개 연구실이 서울 전역 토지 가격을 예측했다면 대한민국 국토교통부와 국토교통부 산하 한국부동산원도 충분히 할 수 있는 작업이다. 만약 이들이 못한다 해도 우리나라 프롭테크 회사들에 데이터를 공개하면 충분히 가격 추정을 할 수 있다. 버튼 하나로 서울시 아파트 전체의 가격 추정이 가능한 것이다. 따라서 이 부분이 힘들어 진행할 수 없다는 것은 구차한 변명이다.

다섯째, PPD(Private Public Development, 민간 공공 협동개발) 형태의 개발 방식 도입이다. 이는 랜드뱅킹을 보다 고도화하는 방식이다. 공공이 보유한 부지를 자산으로 투자하게 되면, 사업에서 자산가치만큼을 지분화할 수 있다. 예를 들어 공공 보유 토지 금액 5,000억 원과 시공비 5,000억 원이 드는 사업은 총 사업비가 1조 원이다. 만약 이를 민간 디벨로퍼가 모두 부담하고 사업을 시작한다면 디벨로퍼는 1조 원 규모의 사업을 위한 자금 마련에 허덕일 것이다. 하지만 공공이 랜드 디벨로퍼로서 자산을 지분화한다면 민간 디벨로퍼

♥ 프롭테크(Proptech)는 부동산 자산(Property)과 기술(Technology)의 합성어로 인공지능, 빅데이터, 블록체인 등 첨단 정보기술을 결합한 부동산 서비스를 말한다.

가 필요한 초기 자금은 5,000억 원이면 된다. 민간은 실제 운영사업자(General Partner)가 되어 모든 사업의 결정권을 갖고 실질적으로 개발을 진행하며 공공은 지분참여자(Limited Partner) 역할을 한다. 민간 디벨로퍼와 공공은 향후 이익과 역할을 바탕으로 지분을 나누면서 사업을 진행한다. 이 둘은 협상 과정에서 공공 임대 물량과 시공비와 금융비 이자 부담, 도시계획 인허가 등 다양한 사안에 대해 의견을 주고받으면서 협상을 할 것이다.

따라서 민간 디벨로퍼의 입장에서 1조 원 사업과 5,000억 원 사업 중 사업의 성공 가능성은 5,000억 원 쪽이 더 크며, 공공과 파트너로 일하면서 행정 관련 이슈들이 해결된다면 사업의 성공 가능성은 더욱 커진다. 이것이 실제로 가능한지 의구심을 가질 수 있겠으나, 서구의 개발 사업을 보면 공공이 투자자로서 참여하는 경우가 많다. 전혀 불가능한 시나리오가 아니라는 것이다. 뉴욕 맨해튼 월스트리트 서편의 배터리파크시티(Battery Park City)는 공공이 매입한 부지를 민간 디벨로퍼에게 판매가 아닌 장기 임차하는 형태로 제공함으로써 민간 디벨로퍼의 부담을 낮춰주었다. 정부가 만약 지분으로 참여할 상황이 아니라면, 토지 자체를 장기 임대해주고 임대료를 받는 방식도 고려할 수 있다. 이 경우 민간 디벨로퍼의 토지비용 부담은 줄어드나, 공공이 향후 매각 차익을 못 가져갈 수 있다. 다만 이 경우도 토지 자산화와 토지 지분 임대를 섞어서 양측이 협상할 수 있다.

더 나아가 특정 부지에 대해 공공은 해당 부지의 개발 과정을 전담하는 공공재개발청(Redevelopment Authority)을 설립하고 민간이 제대로 개발하는지를 모니터링해야 할 것이다. 이에 대해 더 자세히 알고 싶은 독자는 필자의 책 《도시개발, 길을 잃다》(시공사, 2011)를 참조하기 바란다.

다시 강조하지만 2024년보다는 2025년 이후가 더 문제적 상황이 될지 모른다. 이에 대해 정책당국이 대비할 수 있는 시간은 2024년 1년밖에 안 남았다. 자본주의 국가의 시장 참여자들은 정부보다 더 기민하며, 더 똑똑하고, 더 돈 냄새를 잘 맡는다. 안일한 판단으로 정책당국자가 시기를 놓치지 않길 바란다.

공공임대주택 확보를 위한 정책 제언

우리나라 공공기관이 보유한 공공임대주택 물량은 2023년 기준 전체 주택 수 대비 8.9%로 OECD 상위 국가에 비하면 높은 수준이 아니다.[24] 이 통계에 전세임대주택을 비롯한 10년 이하 단기임대주택 등이 포함된 것을 감안한다면, 실제 장기공공임대주택은 5% 내외에 불과하다. 특히 우리가 많이 참조하는 도시국가 싱가포르는 토지임대부 분양주택과 공공임대주택 등 공공이 제공하는 주택이 80%를 초과한다.[25] 그 결과 최근 5년간 급등한 서울 부동산과 달리 싱가포르는 안정적인 가격을 유지하고 있다.

서울시 아파트 시장에 정책 개입을 할 수 있는 공공 주체는 중앙정부(국토교통부, 기획재정부, 금융위원회)와 서울시다. 국토교통부를 제외한 기타 정책 당국은 기본적으로 금융수단을 활용해 실생활에 영향을 미치는데, 이런 수단은 서울뿐 아니라 전국에 영향을 미칠 수 있다.
특히, 향후 서울시 아파트 입주 물량 이슈가 부각된다면 금융 수단보다는 '공급 수단'을 갖춘 정부 조직의 역할이 더욱 중요해진다. 그 관점에서 중요한 역할을 할 주체는 어쩌면 국토교통부와 서울시가 될 것이다. 서울시 개발에 있어 실질적으로 더 큰 영향을 발휘할 수 있는 주체는 서울시이며 특히 SH(서울주택도시공사)의 역할이 주목된다.

SH공사는 자리츠 운영회사로서 적극적 역할을 담당해야 한다. SH는 리츠자금을 활용해 ①기존 민간 아파트 적극 매입(부동산 시장 가격 하락기) ②새로운 임대 주택 자체 개발 혹은 ③운영사업자로서 민간 아파트 (공동)개발 후 매입(상당한 분량의 임대아파트 확보) 등에 나서야 한다.

기금 설립에 새롭게 정부 예산이 필요한 것도 아니다. 흥미로운 사실은 우리나라 연기금 중 조성 목적에 맞게 제대로 활용되지 못하는 자금이 상당하다는 것이다. 대표적으로 '2023년 주택도시기금 운용계획'을 살펴보면 사업에 쓰이지 못하고 주식, 은행 예치 등에 사용되는 여유자금 운용 예산이 약 29조 원에 달하는 것으로 나타난다. 주택도시사업을 하는 것이 아니라, 주식과 은행 예치금에 들어간 돈 29조 원 중 약 10%인 3조 원 가량을 활용해 리츠를 설립하는 것이다. 「부동산투자회사법」 제29조에 따라 자산(equity) 3조 원의 최대 10배 이내인 30조 원의 자금차입 및 사채 발행이 가능하다. 그렇다면 무려 33조 원 이상의 기금 조성이 가능해진다.

이를 활용해 서민 주거공간(중저가 아파트 등)을 매입하는 것인데, 매입 시 모든 금액을 들여서 매입할 필요도 없다. 정책의 목적이 임대료(전세 혹은 월세)를 공공이 조절할 수 있는 물량 확보이기에, 공공이 매입가격과 전세가격 차이만큼을 투자해 물량을 확보하면 된다. 즉, 3억 원 정도의 갭으로 물량을 확보하면 무려 서울시 11만 호 아파트 매입이 가능해진다.

추후 운영해서 보강할 문제이나 부담 가능한 주택 공급을 위해서는 시세보다는 다소 저렴한 임대료로 운영 수익을 확보하고, 향후 처분 등을 통해 수급 조절과 함께 자본이익을 얻을 수 있다.

나아가 서울시민을 대상으로 공모를 할 수도 있다. 예를 들어 주택매입리츠의 공모주에 출자하는 시민에게 리츠 소유 민간임대주택의 입주 우선권을 부여한다면, 시민들이 민간임대주택에 거주하면서 리츠의 주주로서 시세차익도 일부 가져갈 수 있는 이상적인 주거 사다리 모델이 될 수 있다.

Part

6

주목해야 할
'핫 플레이스' TOP 3

핫 플레이스

1

2022~2023년
핫 플레이스 리뷰

1세대 상권이 가진 역사성, 장소성, 콘텐츠의 깊이란 절대 무시할 수 없는 것으로 대체 불가한 경우가 많다. 어떤 트리거가 발생하면 상권이 새롭게 폭발력을 가질 가능성이 농후한 것이다.

어떤 지역이 핫 플레이스가 되는가

핫 플레이스라는 거대한 상권은 다양한 사람들에 의해 서서히 만들어진다. 상권의 형성과 성장은 아파트 시장처럼 짧은 기간에 흐름이 바뀌지 않는다. 2021년 역대 최고점을 찍고 불과 1년 만인 2022년에 아파트 시장이 나락으로 빠질 때도, 사람들이 방문하는 상권은 서서히 성장하고 있었다. 그래서 상권은 새롭게 등장하는 곳만큼이나 기존의 상권이 어떻게 변화하는지를 살펴보는 것이 매우 중요하다.

필자가 2021년《부동산 트렌드 2022》에서 예측했던 핫 플레이스는 성수동, 을지로, 용산(삼각지), 영등포(문래와 영등포역), 양재천 카페거리였다.《부동산 트렌드 2023》에서 바라본 곳은 신당동, 도산공원(압구정 로데오 상권), 북촌(안국역), 명동, 한남동과 이태원 지역이었다. 이들 지역은 대부분이 엄청난 상권으로 부활했다. 이 상권들을 재조합해 분석해보면 다음과 같은 인사이트를 얻을 수 있다.

①강력한 업무지구와 함께 성장하는 상권

성수동은 소셜 벤처와 패션업의 강력한 허브로 성장 중이다. 업무지구 내 직장인 수요와 더불어 이 일대 방문객의 양대 수요를 바탕으로 점점 더 떠오르고 있다.《부동산 트렌드 2022》에서 예측한 것처럼 상권의 공간적 권역이 커지고 있다. 인근의 어떤 지역이 어떻게 변화하는지를 살펴보는 눈이 중요하다.

②삼각지, 이태원, 신당동을 연결하는 6호선

속칭 '노는 라인' 6호선은 상권을 만들어내는 가장 중요한 교통망 중 하나다. 신당동은 6호선과 2호선이 만나는 지역으로 현재 가장 핫한 상권이며, 을지로가 '힙지로'로 탈바꿈한 것은 이제 모두가 인정하는 현실이 됐다. 을지로와 신당동은 2호선으로 연결된다. 또한 을지로와 충무로는 거대한 공동 생활권이다. 따라서 2호선과 6호선, 3호선 내부의 지역이 중요할 수 있다. 이 지역에서 가로(街路) 상권 형성 가능성을 살펴야 한다.

③'도넛형' 지역

양재천 카페거리는 2010년 전후 상권화를 시도했으나 실패했었다. 지금은 근 10년 만에 다시 상권화에 성공하고 빠르게 성장 중이다. 이는 개포동 아파트와 서초동 일대 중산층 타운 재개발화와 맞물린다. 북쪽으로 역삼동, 도곡동, 대치동, 남쪽으로 개포동, 서쪽으로 서초동 거대 아파트 단지가 있어 도넛 모양으로 둘러싸인 형태다. 양재천 상권은 이 중앙에 자리하고 있다.

④1세대 상권의 부활

《부동산 트렌드 2023》에 언급된 지역들(명동, 압구정 로데오-도산공원, 북촌 등)은 한때 우리나라를 대표하는 상권이었으나 매우 힘든 시기를 보냈던 곳들이기도 하다. 압구정 로데오 상권은 1990년대 중반 청담동 상권이 활성화되면서 쇠퇴하기 시작해, 새롭게 상권이 부흥하는 데 무려 25년 이상이 걸렸다. 그러나 1세대 상권이 가진 역사성, 장소성, 콘텐츠의 깊이란 절대 무시할 수 없는 것으로 대체 불가한 경우가 많다. 어떤 트리거가 발생하면 상권이 새롭게 폭발력을 가질 가능성이 농후한 것이다. 그러한 관점에서 1세대 상권 중 현재는 침체되었으나 주변이 새롭게 변화하면 다시 폭발할 잠재력이 있는 상권을 알아보는 눈이 필요하다. 지금부터 2022~2023년에 언급한 상권 중, 중요한 인사이트를 보여주는 상권들을 살펴보자.

2022~2023년 핫 플레이스의 근황

① 신당_'힙당동'으로의 변신

신당동(新堂洞)은 과거 조선시대 시신이 나가는 길목을 따라 위치한 신당(神堂)에서 유래했다. 이후 일제강점기 문화주택촌이 형성되며 거주지로 자리 잡았고 서울중앙시장이 탄생했다. 서울중앙시장을 중심으로 신당과 주택, 창고, 상점 등이 변화하며 점차 지금과 같은 모습을 띠게 되었다.

신당동은 신당역 네거리를 중심으로 4개의 상권으로 나누어 볼 수 있다. 패션거리 상권(북서쪽)은 동대문디자인플라자와 인접해 동대문 패션산업이 확장되어 있다. 동대문 도매상가 특성상 밤에 영업을 해 특수 상권으로 볼 수 있다. 더불어 1개의 초등학교와 2개의 고등학교, 충무아트센터가 존재해 상권 침투의 제약이 크다.

신당동 상권 지도

출처_매일경제

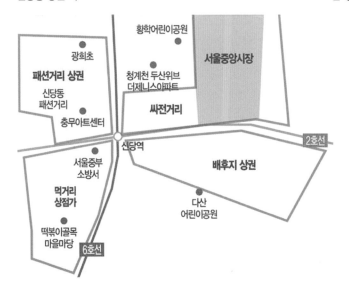

신당동에 남아 있는 무속 업소

출처_네이버지도 거리뷰

남서쪽에는 일명 '신당동 떡볶이 타운'으로 알려진 먹거리 상점 가가 있는데, 마복림 떡볶이와 아이러브신당동 등 떡볶이집들이 즐비하다. 중구청에 따르면 마복림 씨는 6·25 한국전쟁이 끝난 이후 1953년 신당동 골목에서 떡볶이 장사를 시작했다고 한다. 소문이 나며 주변으로 떡볶이 가게가 생겨 골목이 형성됐고 1970년대에는 40여 개의 가게가 자리 잡았다. 특히 동대문역사문화공원에 위치하던 동대문 야구장에서 경기가 끝난 후 떡볶이를 먹는 것이 하나의 문화가 되었다. 떡볶이 가게의 경쟁이 치열해지며 DJ를 고용해 음악을 들으며 떡볶이를 먹는 모습도 탄생했는데, 이러한 풍경은 DJ DOC의 노래 '허리케인 박'(1996)의 가사에서도 엿볼 수 있다.

오랜만에 만난 그녀 떡볶이를 너무 좋아해
찾아간 곳은 찾아간 곳은 신당동 떡볶이집
떡볶이 한 접시에 라면 쫄면 사리 하나
없는 돈에 시켜봤지만
그녀는 좋아하는 떡볶이는 제쳐두고
쳐다본 것은 쳐다본 것은
뮤직박스 안에 DJ라네

그러나 요즘은 새로운 신당동 상권이 생기면서 떡볶이 타운의 인기가 시들고 있다. 이에 중구청은 '신당 미래유산 먹거리 골목형 상가'를 조성하고 신당동 떡볶이 브랜드 선포식을 개최하며 활성화를

위해 노력하고 있다. 재미있게도 골목 맞은편으로는 전국적인 프랜차이즈로 유명한 동대문엽기떡볶이 본점이 위치하고 있다.

북동쪽의 싸전거리와 서울중앙시장이 요즘 '힙당동(힙하다+신당동)'으로 불리는 상권이다. 싸전거리에는 규모가 작은 건축물 사이사이로 카페와 음식점이 생기고 있으며, 서울중앙시장에서는 전통을 지키는 맛집들이 있다. 이 상권은 남동쪽까지 활성화되며 확장 가능성이 보이는 중이다.

신당동을 필두로 6호선을 따라 상권이 형성되는 중이다. 신당동으로의 유입이 6호선 청구역과 약수역으로 연장되며 대로변에 음식점이 생기고 있다. 그러나 충무아트센터를 제외하고는 아직 경험소비 공간이 부재해 문화공간 마련을 위한 노력이 필요해 보인다.

신당역 북동쪽에 생긴 소품샵 핍스마트

출처_핍스마트

신당동 핫 플레이스 지도

신당동 맛집과 카페

· 하니칼국수: 알탕에 샤브샤브와 칼국수 면을 넣은 알곤이 샤브샤브와 칼국수가 대표 메뉴. 기존 신당동에 위치한 홍두깨칼국수에서 이름을 따왔다고 한다.

· 주신당: 신당의 지역적 특성을 가진 칵테일 바로 석상을 밀고 들어가면 이색적인 인테리어와 십이지신 콘셉트의 칵테일을 만날 수 있다. 평일에도 1시간 이상의 웨이팅이 있는 신당동 대표 핫 플레이스다.

· 옥경이네 건생선: 여러 유튜브 채널에 소개되며 손님들로 붐빈다. 서울중앙시장 안에 위치해 있어 시장 분위기도 느낄 수 있다.

· 심세정: '힙당동'의 시초라 할 수 있다. 2017년 싸전을 개조해 베이커리 카페로 운영하고 있다. 마음 심(心), 씻을 세(洗), 정자 정(亭)을 사용해 '마음을 씻는 정자'라는 뜻을 가지고 있다.

· 메일룸: TDTD 장지호 대표가 주신당 이후 새로 오픈한 카페다. 이름처럼 편지를 콘셉트로 한 카페인데, 음료를 주문하면 우편함에서 받아갈 수 있다.

②도산공원_MZ세대의 놀이터가 된 압구정 로데오

1988년 당시 가장 핫한 압구정 로데오에는 국내 맥도날드 1호 매장이 오픈했었다. 이후 외국 유학생들이 몰려들며 패션과 유흥의 거리로 호황을 누렸다. 그러나 외환위기에 더해 인근 가로수길이 새로운 상권으로 부상하자 비싼 임대료로 인해 상권이 무너졌다.

그런 압구정 로데오가 다시 돌아왔다. 상권의 오랜 불황에 코로나19까지 겹쳐 침체를 겪던 압구정 로데오가 도산공원의 공간적 확장

에 따라 완벽하게 부활한 것이다. 요즘 이곳은 안국역에 1호점을 오픈한 런던베이글뮤지엄과 같은 맛집과 카페들이 입점하며 대기줄이 길게 늘어선 모습이다. 카페 노티드를 시작으로 현재 도산공원 한 골목에 여러 매장을 운영 중인 GFFG와 도산분식, 아우어베이커리를 만든 CNP 컴퍼니 등 F&B 브랜드들이 도산공원을 중심으로 속속 가게를 오픈하며 상권 활성화에 한몫했다.

도산공원에는 F&B 이외에도 앵커스토어들이 존재한다. 프리미엄 요가복 브랜드 '룰루레몬'도 압구정 로데오에 플래그십스토어를 오픈한 바 있으며, 선글라스 브랜드 '젠틀몬스터'는 지난 2021년 초 이곳에서 지하 카페부터 지상 4층 매장까지 전시를 기획할 뿐 아니라

젠틀몬스터가 입점한 하우스 도산과 지하의 카페 누데이크   출처_젠틀몬스터

코스메틱 브랜드를 구경할 수 있는 복합문화공간을 열었다. 이들은 미래지향적이고 모던한 쇼룸을 통해 MZ세대의 관심을 받으며 새로운 리테일 경험을 제공하고 있다.

코로나19 초기 이태원과 홍대에서 확진자가 나오자 MZ세대는 대체할 장소를 찾아 압구정 로데오로 이동했다. 낮에 카페, 맛집 등으로 북적이던 공간이 저녁에는 라운지 바나 클럽까지 즐기는 24시간 상권이 된 것이다. 클럽 상권은 단순한 부동산 측면이 아닌 사회적 측면에서 바라볼 필요가 있다. MZ세대에게 클럽은 더는 자욱한 담배 연기와 시끄러운 음악 소리로 대표되는 공간이 아니다. 클럽을 위한 음악과 미디어아트, 패션까지 아우르는 하나의 문화적 공간으로서의 인식이 커지고 있다. 특히 이태원의 클럽 문화가 압구정으로 확대되며 새로운 문화를 생산하고 있다.

클럽은 단순히 음악을 듣고 술과 음료를 마시는 장소로서의 의미를 넘어선다. 클럽은 나이트 산업(Night Life Industry)의 핵심으로 시각적 효과를 보여주는 (디지털)미디어, 디자인업, 출판업, 패션 등 다양한 산업들이 융복합하는 일종의 중심지이다. 따라서 클럽이 집적한다는 것은 문화 산업 클러스터의 형성을 의미하며, 단순히 음식을 먹는 요식업에 비해 산업적 성격이 더욱 강하다. 지역이 산업적 성격을 갖는 것은 방문자뿐 아니라 산업 종사자들이라는 수요가 더해지는 것이기에 클럽의 집적은 상권에 대한 새로운 시각을 제공한다.

압구정 로데오의 바 원더푸룻

출처_원더푸룻

압구정 로데오 핫 플레이스 지도

압구정 로데오의 맛집과 카페

- 카멜커피: 트렌디한 커피로 압구정 로데오에만 2개 점포를 운영하고 있다. 여의도 더현대, 판교, 성수 등 다양하게 위치하고 있으나 대기 줄은 모두 길다.

- 노티드: 도산공원 옆 가게에서 시작해 현재 자리로 이전했다. 오픈 당시 귀여운 도넛과 포장으로 엄청난 관심을 받았다. 건너편에는 같은 모기업의 다운타우너(햄버거), 웍셔너리(중식), 리틀넥(브런치) 등이 있다.

- 꽁티드툴레아: 과거 한남동과 경리단길에서 디퓨저를 판매하며 카페를 운영했는데 당시에도 핫 플레이스였다. 이후 압구정 로데오로 이전하고 테라스 맛집으로 인기몰이를 시작했다.

- 런던베이글뮤지엄: 안국점에 이어 도산점을 오픈했다. 아기자기한 감성의 인테리어와 쫀득한 베이글로 오픈런을 해도 대기해야 할 정도로 인기가 높다.

압구정 로데오의 바, 클럽, 라운지

- 타임즈: 압구정 로데오에서 가장 핫한 클럽으로 자리 잡았다. 과거 이태원 클럽 '소프' 운영자가 기획한 공간으로 힙합이 메인이다.

- COC: 타임즈와 함께 핫한 클럽으로 손꼽힌다.

- 오르가즘밸리: 강렬한 외부 디자인과 선정적인 명칭으로 논란이 되었다. 초기에는 와인 바로 운영했으나 현재는 조금 더 춤추는 분위기로 바뀌었다. 바로 옆 건물 지하에 2호점(오르가즘밸리 하우스풀)을 오픈했다.

- 원더푸룻: 태국에서 열리는 원더푸룻 축제를 모티브로 한 바로 몽환적인 분위기를 제공한다.

③명동_돌아온 외국인과 상권의 부활

조용했던 명동거리가 활기를 되찾고 있다. 엔데믹이 선언되자 외국인 관광객들이 한국을 찾으며 방문객이 늘고 있는 것이다. 이를 입증하듯 라인프렌즈는 팝업스토어를, 아디다스는 국내 최대 규모의 플래그십스토어를 오픈했다. 뉴스 기사에서도 "'상권 1번가' 명동의 부활… 돌아온 외국인에 매출 30배 뛰었다"[26], "외국인 관광객 다시 몰리는 명동·광화문 상권 활기"[27] 등의 헤드라인을 접할 수 있다. 관광 1번지로서의 명성이 죽지 않은 것이다.

외국인 관광객의 명동 필수 코스 첫 번째는 먹거리 노점상이다. 회오리감자부터 탕후루, 계란빵, 붕어빵, 닭강정 등을 판매한다. 명동거리에 대한 인스타그램 게시물을 검색하면 불쇼와 길거리 인증샷 등을 쉽게 볼 수 있다.

두 번째 필수 코스로는 화장품과 패션 가게가 있다. 중국의 사드 보복과 코로나19 등으로 인해 명동의 많은 화장품 로드 숍이 문을 닫았으나 최근 에뛰드, 이니스프리, 네이처리퍼블릭 등의 브랜드가 명동에 신규 점포를 오픈하기 시작했다. 근래에는 국내 화장품을 소개하는 라이브쇼핑 방송도 자주 목격할 수 있다. 해외 인플루언서가 유튜브, 인스타그램 등 온라인 방송을 통해 화장품을 소개하고 주문받는 것이다. 이러한 광경은 K-pop 굿즈 상품점에서도 볼 수 있다. K-pop의 인기가 지속되며 전 세계 팬들이 타국에서도 아이돌 굿즈를 찾기 때문이다.

2022년과 2023년, 명동거리의 달라진 분위기 　　　　출처_유튜브 '땅집고' 채널 영상 캡처

2022년 3월　　　　　　　　　　　　　　　　2023년 4월

　　명동 근처에는 신세계백화점과 롯데백화점의 본점이 있어 쇼핑의 메카를 이루고 있다. 이런 백화점들이 화려한 미디어 파사드(건물 외벽을 스크린으로 활용해 다양한 영상을 투사하는 일)로 새로운 연말 랜드마크가 되며 명동 상권에 활력을 불어넣었다. 2019년부터 미디어 파사드를 선보인 신세계백화점은 2021년, 영화 〈위대한 쇼맨〉에서 착안한 서커스 콘셉트로 한국은행 앞 사거리에 교통 통제를 해야 할 정도로 수많은 인파를 유발했다. 몇백 미터 옆에 위치한 롯데백화점 또한 건물 외벽에 미디어 아트를 설치하며 존재감을 과시했다. 기존에 관광객만 방문하던 명동이 내국인 또한 찾는 연말 연초 핫 플레이스가 되며 인증샷 명소로 떠오르게 된 것이다. 유튜브 채널에서는 두 백화점의 미디어 파사드를 비교하는 콘텐츠까지 생성됐다.

신세계백화점과 롯데백화점의 미디어 파사드를 비교한 영상들

출처_유튜브

신세계백화점 본점 미디어 파사드

출처_신세계백화점

명동 핫 플레이스 지도

명동 카페와 맛집

· 하이디라오: 중국에서 시작한 훠궈 전문 프랜차이즈로 중국인 관광객 조차 중국 지점에 사람이 많아 한국에서 먹고 간다고 한다.

· 모와: 무드서울과 사브서울로 유명세를 탄 와인나라의 와인 바이다.

· 명화당: 수십 년째 같은 자리를 지키고 있는 유서 깊은 분식점이다.

· 몰또 이탈리안 에스프레소 바: 명동성당 뷰 맛집으로 핫해졌다. 이탈리아 성당 앞 노천카페에 온 듯한 느낌을 준다.

· 하동관: 1939년부터 명성을 유지한 곰탕집이다. 설렁탕으로 유명한 '미성옥'과 '이남장'이 근처에 위치하고 있다.

· 숙희: 을지로에서 시작한 숙희 스피크이지 바(Speakeasy Bar)가 명동에도 오픈했다. 경복궁 근정전을 콘셉트로 한 인테리어로 전통적인 분위기 속에서 위스키와 칵테일을 마시는 재미가 있다.

· 더 스팟 패뷸러스: 대만대사관을 리모델링해 꾸민 카페로 근대 건축물의 독특한 매력이 있다.

· 산동교자: 중국대사관 앞에서 40년 넘게 운영하고 있는 중식당이다.

빅데이터로 예측하는 미래의 핫 플레이스

이곳은 한국의 청년 문화를 대표하며 음악을 중심으로 한 언더그라운드 문화가 태동한 지역이다. 2호선을 통해 을지로 도심과 한강, 여의도 지역까지의 접근성도 매우 우수하다. 신촌은 인구가 늘어나면서 주거, 상업, 오피스, 대학이 섞인 복합지구로서 새로운 가능성이 커질 것으로 전망된다.

지난 3년은 모든 상권에 있어 혼돈의 시간이었다. 코로나19로 인한 사회적 거리두기로 사람들의 발길이 얼어붙었다. 같은 기간, 반대급부로 온라인 쇼핑과 이커머스 업계가 폭발적으로 성장했으며 앱을 통해 예약하고 배달하는 문화는 사람들이 먹고 마시고 소비하는 방식을 전면적으로 바꾸어 놓았다. 그동안 오프라인 매장은 소비자에게 더욱 강렬한 경험을 선사하기 위해 세심한 노력을 기울여야 했다. 2020년부터 2022년 상반기까지 백화점과 유통시설 등 초대형 판매시설은 입지가 좋지 않거나 소비자를 끌어올 수 있는 경쟁력이 낮다고 판단되면, 주거시설·업무시설 등으로 용도를 전환해 개발하는 현상이 전국 곳곳에서 나타났다.

　반면 골목길 안에 위치해 있으면서도 역사성, 장소성이 있거나 콘텐츠의 깊이가 있는 지역들은 대로변 상가 못지않게 유동인구를 끌어모을 수 있다는 점이 증명되었다. 콘텐츠가 상권의 새로운 '입지조건'이 된 것이다. 트렌드를 이끄는 사람들이 누구이고, 어디에서 살고 싶어 하는지를 파악하는 것이 매우 중요한 시대가 되었다. 따라서 2024년 핫 플레이스는 코로나 기간에도 성장한 지역을 먼저 살펴보고 트렌드를 이끄는 사람들이 주목하는 곳에 집중해 선정했다.

①성수동_계속되는 확장과 변화하는 송정동

성수동은 코로나 전보다도 더 많은 사람들이 찾는, 양적으로 성장한 거의 유일한 상권이다. 2022년 서울 시내 대부분의 지하철역 승하차량이 2019년에 비해 50%에서 90% 수준에 머무른 반면, 성수 상권에 위치한 성수역은 코로나 이전보다도 1.2배 성장했다. 오른쪽 지도의 파란 원은 2019년 대비 2022년의 지하철 하차량이 얼마나 증가했는지를 보여준다. 또한 붉은 정사각형(500m×500m)은 서울 시내 음식점업 창업이 집중된 구간을 분석한 것인데 색이 진할수록 인허가가 많다는 의미다. 성수는 교통량과 인허가 수 면에서 모두 두드러지는 상권이다.

성수동의 멈추지 않는 성장에는 세 가지 이유가 있다. ①많은 스타트업과 크리에이티브 기업의 본거지가 된 것, ②과거 도심 내 준공업 지대였던 특유의 공간 구조와 동네 분위기, ③같은 시기 한강변에 공급된 고층의 고급 아파트 및 향후 재개발로 인한 주거 수요의 증가 등이다.

동시에 높아진 지가와 임대료 수준은 성수동의 풍경을 급격하게 바꾸고 있다. 임대료 상승률은 서울시 1위일 정도로 압도적이었다.[28] 아직 강남과 명동 등 다른 상권의 임대료 수준을 따라잡지는 못했지만, 짧은 기간에 유동인구를 극대화하고 높은 임대료로 운영수익을 늘릴 수 있는 대관 및 단기임대 방식이 활성화되는 추세이다.

지하철 하차량(2019년 대비 2022년), 누적 음식점업 인허가 수(2022년 8월~2023년 7월) 비교

자료 출처_지방행정 인허가 데이터(음식점업 인허가 수)

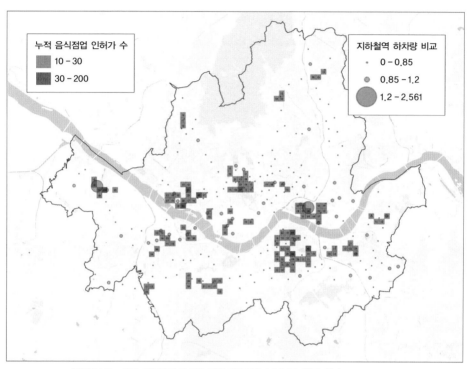

누적 음식점업 인허가 수
10 - 30
30 - 200

지하철역 하차량 비교
0 - 0.85
0.85 - 1.2
1.2 - 2,561

· 하차량 1.2는 연간 하차량이 2019년 대비 2022년에 1.2배 증가함을 의미.

성수동은 다양한 기업들의 팝업스토어를 보러 오는 사람들로 매일 인산인해를 이룬다. 팝업스토어란 짧게는 3일, 길게는 한두 달 열어 이목을 끌고 브랜드 메시지를 전하는 임시 매장이다. 2023년 6월 중 한 주 동안 성수동에서 펼쳐진 팝업스토어는 43개로 집계되었다. 10평당 하루 임대료가 최소 100만 원에서 최대 1,000만 원에 계약되는 경우도 있다고 한다.[29] 상반기에는 뉴진스, 르세라핌, 샤이니, SM, 무신사, 신라면, 배달의민족 등의 거대 콘텐츠 특화 기업과 IP, 명품 패션 브랜드의 주요 팝업스토어가 밀집하면서 지역의 재방문율을 끌어올렸다. 이로써 옥외 광고의 성격에 더해 공간 브랜드 경험이 극대화된 경관이 만들어졌다.

성수동은 길과 구역을 따라 용도별 건물들의 밀집도가 다르고, 이러한 밀집도에 따라 거리가 다양한 성격을 띠고 있다. 지난 5년간 상업과 관련 없던 일반 공장, 창고, 주거용 건물(다세대 및 다가구 주택) 등은 거래와 용도 변화를 통해 새로운 풍경을 만들어내고 있다.

먼저 2호선 성수역과 뚝섬역 남쪽에 위치한 서연무장길 일대와 뚝섬역, 서울숲 일대는 온·오프라인 트래픽이 가장 많은 곳으로 대부분 상업용도이며 많은 카페와 상점, 식품점 등이 성수의 핵심을 형성하고 있다. 최근 플래그십스토어와 팝업스토어가 가장 많이 자리 잡는 지역이다.

상대적으로 덜 상업화된 동연무장길과 성수사거리는 최근 라이프스타일 브랜드인 LCDC와 SK D&D에서 개발한 지식산업센터가 들어섰다. 또한 이마트의 원조라고 할 수 있는 이마트 성수점 부지를 게임회사 크래프톤이 인수해 새로운 오피스 시설을 개발할 계획을 세우고 있다.

성수사거리에서 더욱 북쪽으로 올라가면 중랑천을 따라 길게 뻗어 있는 '송정동'이 성수 인근에서 가장 핫한 동네로 새롭게 주목받

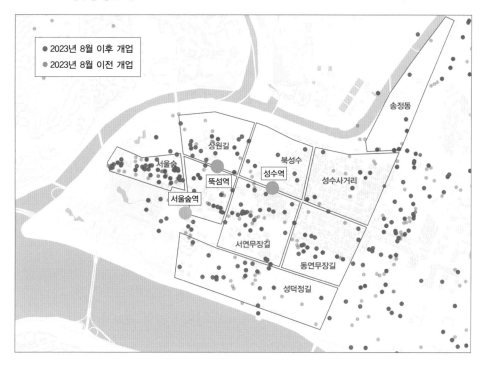

고 있다. 개발이 멈춘 주택 지역으로 질서정연한 붉은 벽돌의 단독

주택과 다세대 건물들이 밀집해 있다. 곳곳에 로스터리 카페들이 숨

어 있어 탐험할 수 있는 공간적 매력도 충분해 향후 개발이 가장 활

성화될 지역으로 보인다.

성동구 송정동에는 '1유로 프로젝트'라는 특별한 프로젝트가 진

행되고 있다. '1유로 프로젝트'란 임차인에게 3년 동안 임대료 1유

로(한화 1,300원)만 받고 건물을 임대해주는 프로젝트다. 한국에서는 지금껏 비슷한 사례가 없어 인지도가 없었지만 네덜란드, 이탈리아 등에서는 도시재생 활동의 일환으로 알려져 있다.[30] 이는 한국에서 최초로 시작되는 순수 민간 주도 프로젝트로, 착한 건물주로부터 1유로에 빌린 비싼 도심 속 낡은 공간들을 세련된 라이프스타일을 제안하는 브랜드들에 무상으로 빌려준다.

송정동은 성수동 주요 상권과 거리가 멀고 교통 인프라 부족으로 발전이 더딘 상황이다. 소셜 디벨로퍼 아키텍트 그룹인 로칼 퓨처스(Lokaal Futures)는 이런 상황 속에서 송정동의 코끼리 빌라 건물을 활용할 수 있도록 집주인을 설득했다. 건물주는 방치된 건물을 3년간 빌려줌으로써 노후화된 건물의 가치를 높일 수 있으며, 입주하는 사회적 기업은 자신의 브랜드를 실험할 수 있게 된다. 더 나아가 이러한 도시적 실험을 지지하는 유동인구가 생기면 지역 자체가 활성화되는 새로운 효과를 얻을 수 있다. '1기 브랜드 크루'로 코끼리 빌라에 입주한 주요 임차인은 지속가능한 환경, 사회적 기업, 더 나은 라이프스타일을 제안하는 공간 브랜드들로 지원한 76개 브랜드 중 F&B, 라이프스타일 분야의 사업 아이템을 가진 18개 회사가 선정되었다. 선정된 회사들은 모두 새롭게 시작하는 젊은 사업가들로 리모델링한 빌라에 각각의 공간을 마련할 수 있게 되었다.

송정동 1유로 프로젝트는 성수동과 달리 관광 자원이 부족한 송정동에 유동인구를 유입시킬 수 있는 계기가 됐다. 프로젝트 관계자

'1유로 프로젝트' 주요 브랜드 크루

· 서울 가드닝클럽(@seoul_gardening_club): 서울 가드닝 프로젝트는
도심 속 유휴공간을 정원으로 개발해 아파트나 원룸에 사는 사람들도
나만의 정원을 누릴 수 있도록 하는 그린 라이프 플랫폼이다. 아웃도
어 스포츠로서 가드닝 라이프스타일을 지향한다. 멤버십제로 운영되
며 가드닝 클럽의 일원이 되면 다양한 아웃도어 활동을 즐길 수 있다.
1유로 프로젝트에서는 루프탑에 위치하며, 관련 물품과 서적 등을 판
매하고 있다. 핸드픽트호텔과 파크먼트연회에도 입점해 있다.

· 위크엔더스(@official.weekenders): 위크엔더스는 도심 속 빈 건물에
강릉 바다를 옮겨온 콘셉트로 1인 바쓰(Bath)와 요가 프로그램을 운영
하고 있다. 욕조에 드리운 식물, 아로마 가득한 입욕제, 물속에서 듣는
음악 등 리프레시를 위한 다양한 도심형 웰니스 경험을 제공한다. 위
크엔더스는 강릉의 오랜 여인숙을 재생한 호스텔과 북바(Book Bar),
서핑 등을 경험할 수 있는 '오롯이, 나'를 함께 운영하고 있다.

는 이곳에서 긍정적인 효과를 보면 다른 지역에서도 이와 같은 공간
실험을 수행할 계획이라고 전한다. 한국에서 침체된 상권 살리기는
주로 착한 임대인 운동으로 전개되곤 한다. 오랜 침체를 이겨낸 압
구정 로데오 상권 부활의 바탕에도 역동적인 에너지를 가진 젊은 테
넌트의 입주를 촉진하기 위한 착한 임대인 운동이 있었다.

1유로 프로젝트는 미래지향적인 라이프스타일을 가장 매력적으
로 전파해 사회적으로 유익한 현금흐름을 발생시키고 노후화된 자
산의 가치 상승을 창출해낼 수 있도록 하는 최초의 프로젝트로 기대

가 모이고 있다. 지속가능성을 추구하며 미래에 서울의 다양한 상업 시설에서 볼 수 있을 테넌트를 초기 빌굴하는 송징동 프로젝트가 리테일 업계에 어떤 영향을 미칠 수 있을지 나비효과가 기대된다.

1유로 프로젝트 건물 전경과 소개 자료

②약수동·금호동_서브 핫 플레이스의 재미

핫 플레이스는 주로 지역의 가능성을 알아보고 들어온 하나의 좌표에서부터 시작되는 것이 일반적이다. 2022년 도산공원의 노티드 도넛, 안국의 런던베이글뮤지엄, 삼각지의 몽탄이 그러했다. 이들은 폭발적인 온·오프라인 트래픽을 일으키며 오픈런과 웨이팅 행렬을 만들어낸다. 또한 이들은 해당 지역의 또 다른 숨겨진 장소들을 찾아내거나 옆 동네를 탐험하게 하는 핫 플레이스 호퍼(Hopper)가 된다. 하나의 핫 플레이스가 만들어지면 서브 핫 플레이스들이 발굴되면서 그 지역 전체에 트래픽이 발생하는 것이다.

약수동과 금호동은 이러한 측면에서 핫 플레이스 옆 동네, 즉 서브 핫 플레이스의 기능을 한다. 성수동과 을지로 핫 플레이스에서 옆 동네를 찾아다니던 사람들이 '약수'와 '금호'를 언급하고 있다. 약수동과 금호동은 오랜 지역성과 미식 문화를 기반으로 많은 사람들의 호핑(Hopping)력을 자극하는 새로운 핫 플레이스로 떠오르고 있는 것이다.

약수동과 금호동은 모두 서울에서 가장 주거밀도가 높은 동네다.⁹ 약수동의 경우 5,000세대 이상의 남산타운이 있고, 금호동 역시 과거 판자촌이 밀집한 대표적인 달동네였으나 대단지 재건축 아파트가 들어서면서 전체적인 수요층의 소득이 상향되어 5,200세대에 달

📍 약수동의 인구밀도는 33,404/km², 금호1, 2, 3가동의 인구밀도는 평균 35,000/km² 수준으로, 서울 최대의 대단지 아파트 헬리오시티가 위치한 문정2동의 인구밀도는 12,770/km²다.

하는 탄탄한 소비력을 배후에 두고 있다.

신당동에서 한남동 방향으로 남쪽으로 이동하면 약수동이 나타난다. 약수동은 신당동에서 남쪽으로 확장되면서 새로운 유입이 이루어지고 있는 가로 상권으로 볼 수 있다. 이에 반해 인근에 위치하면서도 구릉지와 거대 아파트 단지, 금호터널로 단절되어 있는 금호동 상권은 도넛 형태의 주거지역 틈에 끼인 대표적인 상권으로서 70년 넘게 운영 중인 금남시장을 기반으로 하고 있다. 골목을 돌아다니며 발굴하는 매력이 있는 두 동네는 의외로 아직은 '핫플 같지 않은 핫플'이라는 평가를 얻는다. 이는 극 초반기의 성수동과 을지로를 찾아낸 사람들의 반응과 유사하다.

약수동 핫 플레이스 지도　　　　　　　　　　　　出處_네이버지도

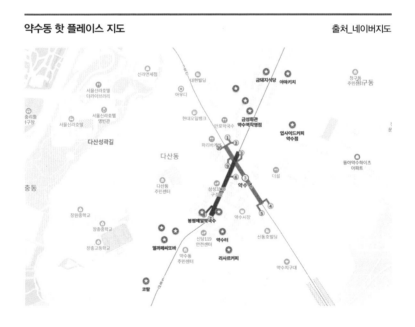

    SNS에서 약수와 관련해 가장 많이 언급되는 핫 플레이스로는 에
스프레소 바 '리사르'가 있다. 약수시장 안쪽 도로 이면의 다세대 빌
라 필로티(1층은 기둥만 서는 공간으로 하고 2층 이상에 방을 짓는 방식) 1층
한쪽에 위치한 3평 남짓한 스탠딩 카페로, 회전율이 높은 에스프레
소를 주력으로 하고 있음에도 낮에 웨이팅이 있을 정도로 많은 사람
들이 찾아온다.

    리사르는 왕십리에서 처음 개업했으나 우연한 계기로 주변에 약
수시장이 있고 사람도 많은 이곳을 발견하고 색다른 풍경을 만들어
내고자 약수를 선택했다고 한다. 인스타그램에서 리사르 에스프레소
바 해시태그를 살펴보면 게시글에 약수동의 30년 이상 된 노포가 속

리사르 에스프레소 바

해 있는 비율이 매우 높다. 시장의 미식 콘텐츠가 일종의 코스처럼 연계되어 있는 것이다. 에스프레소 바는 기존 아메리카노와 라테 중심의 카페에서 경험할 수 없는 짧지만 강렬한 순간을 즐길 수 있어 약수시장의 독특한 감성과 함께 사랑받고 있다.

약수동이란 이름은 버티고개에 몸에 좋은 약수터♀가 있다 하여 유래한 것으로 알려져 있다. 약수역은 3호선과 6호선이 X자로 교차하고 있으며 교차의 중심에는 '약수시장'이라는 신당동 서울중앙시장의 규모에 버금가는 곳이 있다. 1968년부터 본격적으로 개설되어 예전에는 지금의 3배가 넘는 큰 규모로 활황을 이루었다고 한다. 실향민의 기반이 된 약수동은 이북 요리를 선보이는 식당들이 유명하다. 특히 함경도와 평안도 사이에 위치한 만포라는 지역의 맛을 살린 이북식 찜닭은 깔끔하고 슴슴한 맛이 특징이다. 이곳의 3대 이북식 찜닭집으로 진남포면옥, 만포막국수, 처가집이 꼽힌다. 이 중 약수동 처가집은 60년 넘게 한자리에서 이북식 찜닭을 주로 하고 있는 노포다. 처가집은 위치를 모르면 지나쳐버릴 것 같은 평범한 골목길 가정집에 있고 간판도 없어 호기심을 극대화한다.

한편 터널을 지나 도달할 수 있는 금호동은 조선시대 대장간이 많아 무쇠막이라 불렸다. 한때는 무허가 주택이 난립하는 달동네였지

♀ 약수터는 1950년대 전쟁 이후 도시를 복구하기 위해 시작한 도로포장과 각종 지하철 공사 등으로 사라졌다고 전해진다.

이북식 찜닭으로 유명한 약수동의 진남포면옥   출처_진남포면옥

간판 없는 맛집으로 알려진 처가집 외관   출처_네이버지도 거리뷰

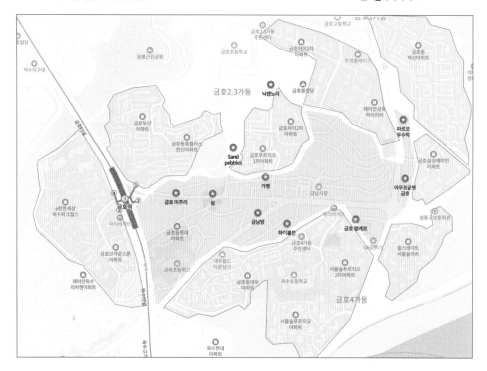

만 현재는 벽산 아파트, 힐스테이트 서울숲리버, 금호대우, 금호자이
2차 아파트 등 대단지 아파트가 차례로 개발되면서 탄탄한 3040세
대 주거인구를 배후로 갖게 되었다. 대단지 아파트 군집의 중앙에는
한국전쟁 때부터 존재했던 '금남시장'이 있다.

  금호동 상권에서 가장 주목해야 할 점이 와인, 디저트 등 특정 메
뉴를 다루는 상업의 밀집도이다. 금호동과 같이 대단지 아파트가 하
나의 상권을 둘러싸고 있는 입지적인 특성이 있는 경우 내추럴 와인

등을 판매하는 와인 바 또는 특수한 주종과 안주를 파는 이자카야 등의 밀집도가 매우 높다. 외부 관광객이나 방문객에 의존하지 않아도 되고 동네 자체적으로 소비할 수 있는 도보권 소비자층이 탄탄하기 때문이다. 이곳은 임대료도 낮아 리테일과 F&B 분야의 작은 사업체들이 성공할 수 있는 곳으로 매우 적합한 지역이다. 크로플이라는 디저트 메뉴를 탄생시킨 아우프글렛 역시 금호에서 시작했다. 또한 오래된 목욕탕을 개조해 만든 복합문화공간 금호 알베르는 예술가나 브랜드의 감각적인 팝업 전시가 열린다.

80년대 목욕탕을 개조해 만든 복합문화공간 금호 알베르(좌)　　　　출처(좌)_금호 알베르
금호동에 있는 와인 바 하이홀본(우)　　　　　　　　　　　　　출처(우)_하이홀본

③신촌_대한민국 3대 상권의 부활

신촌·이대 상권은 한때 종로, 명동과 함께 강북의 3대 상권으로 꼽혔다. 이대 앞 상권에는 한국 최초의 스타벅스가 입점했고, 신촌동 맥도날드는 전국에서 젊은 인구가 가장 많이 모이는 곳 중 하나였다. 신촌동은 특유의 지리적 특성과 고정 수요로 1990년대까지 그 어느 지역보다도 임대료와 매매가격 측면에서 월등히 차별적이고 안정적인 상권이었다. 하지만 2000년대 들어 음악문화를 선도했던 이들이 임대료가 낮은 인근 홍대 앞 지역으로 옮겨가고, 2010년에는 연세대학교 1학년생들이 인천 송도 캠퍼스로 생활권을 옮기게 되면서 신촌 상권은 타격이 극심했다. 인접한 이대 상권의 경우도 주요 업종이었던 보세 패션과 화장품의 온라인 소비가 확대되며 서서히 몰락했다. 주요 관광객이었던 중국인 관광객마저 코로나 발생으로 사라지자 이곳 상권은 한때 1층 상가가 모두 공실일 정도로 긴 침체를 겪었다.

불황을 극복하고자 나선 신촌동 상인들은 상인연합회를 체계적으로 운영하기 위해 상인회를 법인화했고, 지자체는 연세로에 설정되어 있던 '대중교통전용지구'를 해제하기로 결정했다. 또한 지구 단위 계획으로 의류, 화장품 업종으로 묶여 있던 이대 상권의 업종 제한을 폐지하고 주차장을 신설할 수 있도록 하는 도시계획적 해법의 모색[31]도 적극적으로 이루어지고 있다.

2023년 엔데믹으로 MT, 대학축제, 동아리 활동이 되살아나 대학가의 유동인구가 증가 추세에 있다. 또한 최근 공무원 시험 및 각종 고시의 인기가 시들해지며 노량진, 신림 대학동의 밀도가 줄어들고 이러한 취업준비생 인구를 다시 대학가가 흡수하는 듯 보인다.

K-콘텐츠의 힘이 막강해지면서 단기 여행뿐만 아니라 장기 체류의 의향을 보이는 외국인 역시 증가하고 있다. 특히 신촌·이대 상권의 외국인 생활인구 증가세가 상당하다. 2022년 하반기 신촌동은 낮 시간대 서울에서 외국인이 가장 많은 동으로 나타났다.[32]

대학가를 중심으로 1인 가구의 새로운 거주 형태가 나타나고 있다는 점도 주목할 만하다. '한 달 살기'의 대중화와 더불어 단기 체류가 가능하고 보증금이 높지 않아 대학생 및 사회초년생 등이 계약하기 편리한 코리빙(co-living)이 늘어나고 있다. 이는 대학가 고시원이나 원룸텔을 대체할 수 있는 주거 유형으로 성장하고 있다. 대표적으로 코리빙 스타트업인 맹그로브, 홈즈컴퍼니, 로컬스티치, 글로카로카 등이 대규모 투자를 받고 있으며 KT, SK, 신세계건설 등 대기업도 적극적으로 투자를 하고 있다. 최근 SK D&D에서 개발한 에피소드신촌369와 맹그로브 신촌점 등이 신설됐으며 향후 역세권 청년주택 등 다양한 임대 기반의 주거시설이 추가적으로 공급될 것으로 보인다.

신촌동의 2023년 상반기 인구구성을 살펴보면 80%가 1인 가구이며 이 중 20대 여성 인구(2023년 상반기 기준 5,300여 명)가 압도적으로 높은 편이다. 타 여자대학이 소재한 청파동, 수유동 등과 비교했을 때 2배가 넘는 수치다.

23/상반기 주거인구
약 20,322명

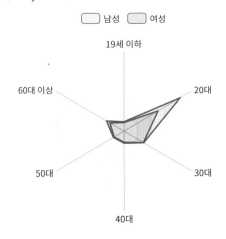

신촌동 1인가구
약 11,871가구

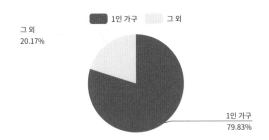

전체 14,870가구 중 약 **79.83%** 를 차지합니다

공실률과 별개로 코로나 기간에 이화여대 상권은 오피스텔 등 직장인 수요를 중심으로 한 주상복합 시설 신축이 활발했다. 경의선 지하화와 KTX 정차 가능성이 높아지고 CBD(서울 도심업무지구)의 프라임 오피스 개발이 점점 서측으로 활성화되면서 개발 압력도 가해지고 있다.[33] 신촌은 인구가 늘어나면서 주거, 상업, 오피스, 대학이 섞인 복합 지구로서 지역의 새로운 가능성이 커질 것으로 전망된다.

침체된 신촌의 가장 큰 문제점은 과거의 영광에 의해 여전히 임대료가 높은 데 비해 신촌 내부에서 변화를 주도할 만한 에너지가 부족하다는 것이었다. 고정 수요층인 대학생과 서브컬처 소비자는 이미 다른 상권으로 이탈해 가는데 고정 수요를 붙잡을 매력도, 다른 수요를 지속적으로 유입시킬 만큼의 경쟁력도 부족하다는 것이다. 그럼에도 주목할 점은 신촌 지역 특유의 로컬리티를 발굴해나가고자 하는 사람들의 세대를 넘나드는 소속감이다.

신촌은 연세대학교(1885년), 이화여자대학교(1886년), 홍익대학교(1946년), 서강대학교(1960년) 등의 개교와 함께 여러 종합대학교의 문화가 융합하는 공간으로서 원형을 가지고 있다. 130년이 넘는 동안 신촌은 교육 연구 외의 다양한 리테일 대학 문화와 함께 변화해 왔다. 이곳은 한국의 청년 문화를 대표하며, 음악을 중심으로 한 언더그라운드 문화가 태동한 지역이다. 2호선을 통해 을지로 도심과 한강, 여의도 지역까지의 접근성도 매우 우수하다.

신촌 상권을 구체적으로 보면 신촌역(지하철 2호선)에서 연세대학교 정문까지 연결하는 연세로를 중심축으로 서쪽으로는 먹자골목

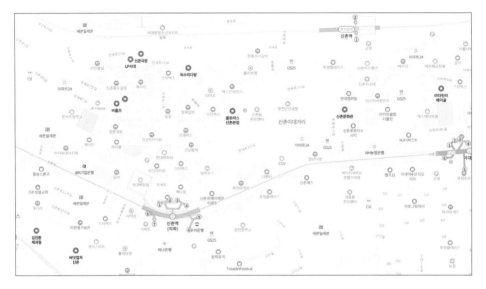

이 있고, 동쪽으로는 명물거리를 따라 중대형 상업시설이 위치해 있다. 오래된 대학가이다 보니 대학문화가 본격적으로 형성되었을 즈음 개업해 함께 진화해나가는 다양한 로컬 콘텐츠들이 주목받고 있다. 신촌의 역사성, 장소성, 콘텐츠의 깊이는 절대 무시할 수 없는 것으로 특정한 이벤트가 있다면 다시 부흥할 수 있는 잠재력이 있다.

신촌 올드 컬처

신촌은 특유의 카페 문화, 음악 문화가 살아 있는 지역이다. 곳곳에서 아직도 이러한 문화가 새로운 모습으로 작동하는 것을 볼 수 있다. 특히 K-pop을 비롯한 K-콘텐츠가 성장하면서 그 원천에 대한 관심도 자연스럽게 증가하고 있다. 예를 들어 최근에는 인기 아이돌 가수들이 LP앨범을 디지털 음원과 함께 발매한다. LP가 휴대폰으로 음악을 듣는 요즘의 음악 소비 방식 사이에서도 하나의 문화를 형성해가고 있는 것이다.[34] 아날로그 음악 저장 매체인 LP는 최근 MZ세대의 열광에 힘입어 CD 못지않은 인기를 누린다. 이런 분위기에서 손님의 선곡을 받거나 DJ가 자체적으로 선정한 음악이 공존하는, 신촌의 유명했던 락카페 문화가 새롭게 주목받고 있다. 서쪽 먹자골목의 우드스탁, 신촌 비틀즈, LP시대는 1990년대에 개업해 지금까지도 그대로 운영하고 있는 락카페다. 신촌을 대표하는 LP바인 우드스탁은 음악적 지식을 다른 사람과 나누고 부족한 것들을 배우고자 시작됐다고 한다. 이곳은 1991년 2월부터 30년이 넘도록

신촌의 LP 바 우드스탁 외관과 내부

같은 자리에서 신촌 언더그라운드 음악 문화를 주도했다. 6,000여 장의 LP판이 벽면을 가득 채운 우드스탁의 모습은 박물관을 연상케 한다.

한편 동쪽 명물거리를 따라서는 1970년에 개업해 시대에 맞춰 진화된 카페 문화를 보여주고 있는 곳들이 있다. 미네르바와 '독다방'

독수리다방에서 본 창천교회

이라는 애칭으로 불리는 독수리다방 등이 그렇다. 특히 독수리다방은 창천교회의 탑이 보이는 이국적인 풍경을 잘 담아내 사랑받고 있는데, 특유의 분위기로 항상 학생들과 젊은 직장인으로 붐빈다. 또 1998년 개업해 약 25년간 우유식빵을 만들어온 김진환 제과점 역시 신촌의 올드 컬처를 담당하고 있는 가게다. 이곳은 식빵의 전설로 불리며 지금도 새로운 단골을 만들어내고 있다.

신촌 뉴 컬처

신촌은 골목골목마다 다양한 소규모 문화 공간이 생겨나는 중이다. 1980년대부터 이어져오던 신촌의 청년 문화와 1990년대부터 축적된 홍대 인디 문화의 성장과 맥이 연결된다는 점에서 특수한 성격을 지닌다. 그중 '신촌극장'은 오래된 빌라를 리모델링하면서 옥상을 극장으로 개조한 프로젝트로, 텀블벅이라는 크라우드 펀딩 플랫폼으로 재원을 마련했다.[35] 신촌의 꿈과 낭만을 간직하고자 하는 프로젝트 취지에 공감한 사람들이 후원금과 응원을 보냈다.

신촌 뉴 컬처를 만들어가는 또 다른 공간으로 '신촌문화관'이 있다. 이곳은 8개의 유닛이 모인 문화 교류 공간으로 2층에는 카페 겸 작업실인 림더숍이 위치하고 있으며 다목적 대여 공간인 갤러리, 디자이너와 크리에이터의 작업 및 사무공간 등도 있다. 현재는 양조장, 건축 집단, 시나리오 작가, 리빙 브랜드, 독립 마케팅 회사 등이 입주해 있다. 2호실은 전시를 위한 빈 공간으로 작가와 사무실 임차인을 위한 공간을 마련했으며 4, 6호실은 스튜디오라는 이름을 붙인

빌라를 리모델링해 탄생한 신촌극장(좌)

신촌극장 크라우드 펀딩 페이지(우)

단독 오피스 공간과 다양한 공연 및 문화행사가 가능한 테라스 공간
으로 구성되어 있다.

　노후되고 빽빽하게 들어선 원룸 건물 사이에서 40년간 자리를 지
킨 이 건물은 코로나가 시작될 즈음 리모델링을 거쳤다. 신촌문화관
은 재미있는 일을 추구하는 사람들이 서로 부딪히고 이야기를 나누
며 새로운 일이 꾸며지는 신촌에 공간을 만들고 싶었다고 말한다.

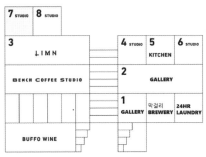

신촌문화관 1층에는 '새로움'과 어울리는 전통주 가게가 있다. 신촌 로컬 브루어리인 '이대앞양조장'이다. 이 도심 속 작은 양조장은 요즘 세대의 입맛에도 맞는 개성 넘치는 막걸리를 만든다. 민트나 멜론, 커피 향 등 기존 막걸리에는 익숙지 않은 맛과 결합하기도 하며 우리 술을 재해석한다. 포장 또한

이대앞양조장의 크래프트 막걸리
출처_이대앞양조장 인스타그램

다른 막걸리 브랜드와 차별화되게 유리병에 캐릭터 라벨을 붙여 인스타그래머블한 인증샷을 중시하는 세대에게 반응을 얻고 있다.

1 "특례보금자리론 금리도 인상…다시 불어나는 이자 부담", 〈경향일보〉, 2023.07.30.

2 "미국 부동산 살아날까…집값 8개월 만에 반등", 〈한국경제〉, 2023.04.26.

3 국토교통부.

4 "이상신호 부동산 5대 리스크", 〈매경ECONOMY〉, 2015.08.24.

5 "'수도권·대구·세종', 미분양률 거의 '제로'", 〈로이슈〉, 2021.03.29.

6 "[르포] 이유 없는 '미분양'은 없다… 신축 아파트 뒤에 가려진 대구의 눈물", 〈조선비즈〉, 2023.06.14.

7 서울 열린데이터 광장.

8 부동산랭킹.

9 '2021년도 주거실태조사 - (일반가구) 연구보고서', 국토교통부.

10 서울부동산정보광장.

11 "'역전세난' 후폭풍 서민주택에 몰렸다… '빌라포비아' 확산", 〈매일경제〉, 2023.04.24.

12 "'유찰만 10여차례'…경매시장 '빌라 포비아' 심화", 〈이데일리〉, 2023.06.11.

13 "'유찰만 10여차례'…경매시장 '빌라 포비아' 심화", 〈이데일리〉, 2023.06.11.

14 국토교통부 통계누리.

15 아파트 이어 빌라 인·허가 60% 급감...또다른 주택대란 불씨되나", 〈굿모닝경제〉, 2023.05.24.

16 "박춘섭 신임 금통위원 후보자는 누구", 〈연합인포맥스〉, 2023.04.05.

17 서울 열린데이터광장.

18 김규석, 이주원, 김경민, 2023년 미발표 논문.

19 통계청, 2023.

20 "[역지사지]영화 '기생충' 나오던 킹서민 동네의 변신...아현동의 과거를 아시나요?", 〈서울경제〉, 2020.09.10.

21 서울역사아카이브 '가재울' 2008년 자료.

22 송의현, 김경민, "제2기 수도권신도시 및 주변지역 아파트가격지수 추정", 〈부동산분석〉, 5(2), 2019, 17~41쪽.

23 김진석, 김경민, "딥러닝의 패턴 인식능력을 활용한 주택가격 추정", 〈한국경제지리학회지〉, 25(1), 2022, 183~201쪽.

24 Public policies towards affordable housing, OECD.

25 "싱가포르, 도쿄, 서울의 주택 가격 비교", SH도시연구원, 2022.05.

26 "'상권 1번가' 명동의 부활…돌아온 외국인에 매출 30배 뛰었다[상권 리포트②]", 〈매거진 한경〉 2023.05.06.

27 "외국인 관광객 다시 몰리는 명동·광화문 상권 활기", 〈주간동아〉, 2023.06.19.

28 "'4년 새 임대료 2배 폭등… '핫플' 성수동의 남모를 절규", 〈조선일보〉, 2023.03.26.

29 "핫플서 '팝업' 성지로…성수동이 달라졌다", 〈중앙일보〉, 2023.06.14.

30 2004년 네덜란드 로테르담시의 '169 클뤼쉬위젠 프로젝트(169 Klushuizen Project)'와 이탈리아 마엔차(Maenza)의 프로젝트.

31 도시관리계획(신촌지구일대 지구단위계획) 결정(변경), 2023.4., 서대문구청.

32 "서울서 외국인 생활인구 가장 많은 곳은 '신촌동'", 〈경향신문〉, 2022.06.27.

33 "테헤란로·광화문 미어터지니…서초·서소문까지 오피스 개발 확장", 〈조선일보〉, 2023.03.09.

34 "LP의 발명과 역사, 현대에 유행하기까지", 〈윕뉴스〉, 2022.03.30.

35 "[신촌 브리핑]신촌에 처음 생긴 극장", 〈연세 춘추〉, 2017.11.03.

부동산 트렌드 2024

초판 1쇄 발행 2023년 10월 30일
초판 2쇄 발행 2023년 11월 10일

지은이 | 김경민

발행인 | 유영준
편집팀 | 한주희, 권민지
마케팅 | 이운섭
디자인 | 김윤남
인쇄 | 두성P&L
발행처 | 와이즈맵
출판신고 | 제2017-000130호(2017년 1월 11일)

주소 | 서울 강남구 봉은사로16길 14, 나우빌딩 4층 쉐어원오피스 (우편번호 06124)
전화 | (02)554-2948
팩스 | (02)554-2949
홈페이지 | www.wisemap.co.kr

ⓒ 김경민, 2023
ISBN 979-11-89328-70-2 (03320)